GRÖNLAND

GRÖNLAND
Nachbar des Nordpols

Hans Joachim Kürtz
Achim Sperber

westermann

CIP-Titelaufnahme der Deutschen Bilbliothek
Grönland: Nachbar des Nordpols / Hans Joachim Kürtz;
Achim Sperber. – Braunschweig: Westermann, 1991
ISBN 3-07-509258-4
NE: Kürtz, Hans Joachim; Sperber, Achim

Druck und Bindung: westermann druck GmbH, Braunschweig
ISBN 3-07-509258-4

INHALT

Ellesmere-Insel
Spitzbergen
(Norw.)
Naresstraße
Smithsund
Qaanaaq (Thule)
Grönlandsee
Baffin Bay
Europäisches
Jan Mayen
(Norw.)
Upernavik
Kalaallit Nunaat
(Grönland)
Nordmeer
Uummannaq (Dundas)
Ittoqqortoormiit
(Scorebysund)
Qeqertarsuaq
(Godhavn)
Ilulissat (Jakobshavn)
Aasiaat (Egedesminde)
Qasigiannguit (Christianshåb)
Kangaatsiaq
Davisstraße
Danmarkstraße
Sisimiut
(Holsteinsborg)
Kangerlussuaq
(Søndre Strømfjord)
Island
Kulusuk
Ammassalik
Maniitsoq
(Sukkertoppen)
Reykjavik
Nuuk
(Godthåb)
Atlantischer Ozean
Paamiut
(Frederikshåb)
Narsaq
Narsarsuaq
Qaqortoq (Julianehåb)
Nanortalik
0 100 200 300 400 500 Km

PROLOG VOM RAND DES EWIGEN EISES

Am 21. Juli 1969 setzte Neil Armstrong – in seinem Weltraumanzug etwas unbeholfen – den Fuß auf den Mond. Über 356 000 Kilometer hinweg konnte die Welt diesen historischen Augenblick des Triumphes der Technik am Fernsehschirm unmittelbar miterleben. Der zur Erde gefunkte Abdruck einer geriffelten Schuhsohle im Staub des Erdtrabanten wurde zur optischen Metapher dafür, daß der Mensch dem Universum die Unschuld genommen hatte.

»Dies ist ein kleiner Schritt für einen Menschen, aber ein gewaltiger Sprung für die Menschheit«, hörten wir Armstrong vom Mond herab sagen. Wir saßen vor dem Radio in der Flugplatzbaracke von Kulusuk und lauschten der Stimme vom fernen Himmelskörper, die der amerikanische Soldatensender von der nahen US-Radarstation übertrug. Hinter deren riesigen Antennendomen jenseits des Flugfeldes türmten sich die Eisbarrieren der grönländischen Ostküste, in deren menschenleere Einöde die Amerikaner ihre Lauschanlage gesetzt hatten. Gestrandete Eisberge säumten die Ufer der Fjordausläufer neben der Landepiste. Ein gigantischer Eisbuckel wuchs hinter der zerrissenen Bergkette zum Westen hin auf. Hinter dieser Felswand begann das Ewige Eis: die größte »Tiefkühltruhe« der Welt nach der Antarktis, ein Eisblock von 1,8 Millionen Quadratkilometern Ausdehnung, zu kaltem Kristall gepreßter Schnee, der sich in Jahrmillionen über drei Kilometer hoch aufgetürmt hat.

Wir saßen in der überheitzten Baracke und hörten die Reportage über den US-Mann im Mond, der als lebendes Symbol die Vorherrschaft der amerikanischen Technologie im All wie auf Erden bekundete. Wir hörten das alles in der Eiswelt von Tunu, dem »Hintern Grönlands«, wie die Westküstenbewohner der Insel respektlos die Ostküste mit ihrer lebensfeindlichen Natur nennen.

Gut 4000 Jahre vor dem »Apollo«-Besuch auf dem Mond waren die ersten Menschen in diese frostklirrende Wüste gekommen, ein Steinzeit-Volk, das – von der ständigen Suche nach neuen Nahrungsquellen getrieben – den Moschusochsen rund um die Polarkappe gefolgt war. Es waren die ersten Eskimos auf Grönland, ein Volk, das erstaunliche Kulturtechniken für das menschliche Dasein unter den extremen Bedingungen der arktischen Umwelt entwickelte. Die letzten Menschen einer völlig isoliert lebenden, archaischen Urbevölkerung hatte man hier, ganz in der Nähe von Kulusuk, erst vor 100 Jahren entdeckt.

Eine der immer wiederkehrenden Hungersnöte – verursacht durch eine nur minimale Klimaänderung – hatte dieses eskimoische Ammassalik-Volk auf 413 Seelen schrumpfen lassen. Diese hatten nur überleben können, weil sich die Alten der Siedlung geopfert und den Freitod gewählt hatten, und weil man Neugeborene tötete. Der Fortbestand der Gruppe duldete keine »unnützen« Esser. Dieses grausame, von der Grenzsituation der Umwelt aufgezwungene Gesetz mußten die Inuit – wie sich die Eskimos in ihrer eigenen Sprache nennen – in ihrer langen Geschichte immer wieder praktizieren.

Da war Neil Armstrong also dank des rapiden Fortschritts der Technik ohne Probleme die 356 000 Kilometer zum Mond und wieder zurückgeflogen. Und wir warteten nun schon fünf Tage vergeblich auf die planmäßige Maschine, die uns über die weiße Unendlichkeit des Inlandeises an die Westküste fliegen sollte. Aber das Wetter hatte wieder einmal alle Flugpläne durchkreuzt. Wir, ein ZDF-Team, hatten noch große Schwierigkeiten, uns an eine der wichtigsten grönländischen Vokabeln zu gewöhnen – an das allgegenwärtige *imaqa. Imaqa* bedeutet in etwa »vielleicht, wenn alles mitspielt und nichts mehr dazwischen kommt, dann könnte es sein ...«. Das spanische *mañana* ist dagegen eine geradezu präzise Angabe.

Nach Kulusuk waren wir mit der Beobachtungsmaschine von Isrecco, dem Eiswarndienst für die Grönland-Schiffahrt, gekommen. Die reichlich betagte DC 4 hatte schon an der Weltgeschichte teilgehabt. Sie hatte im Zweiten Weltkrieg dem damaligen US-Oberbefehlshaber und späteren US-Präsidenten Dwight D. Eisenhower als Lufttaxi gedient. Bei unserem Kontrollflug entlang dem Eisgürtel an der Ostküste, der sich in diesem Sommer extrem lange unpassierbar zeigte, hatte ich mit Besorgnis gesehen, daß sich die »Nanouk S« noch immer nicht durch die hoch aufgetürmte Barriere geboxt hatte. Drei Wochen lag das Versorgungsschiff aus Dänemark nun schon vor dem eisigen Sperrgürtel. Die Menschen in Ammassalik, Kuumiit, Tiileqilaaq und dem guten Dutzend weiterer Siedlungen an der Ostküste Grönlands mußten wohl noch ein paar Tage länger auf ihr Frischgemüse, auf Eier Jahrgang 1969, auf Fleisch, Kartoffeln und auf ihr Tuborg grøn warten. In den Dorfläden waren die Regale leergefegt – das letzte Schiff war ein Jahr zuvor dagewesen.

Neben den sehnsüchtig erwarteten Nahrungsmitteln hatte die »Nanouk S« leider auch das Feldlabor von Professor Børge Fristrup an Bord. Und das bedeutete: Unser so sorgfältig geplantes Vorhaben, den dänischen Glaziologen bei seiner Arbeit im Sommer-Camp mit der Kamera zu beobachten, mußten wir aufgeben. Die unberechenbaren Launen des grönländischen Wettergottes hatten uns einen dicken Strich durch die Rechnung gemacht. Wir mußten uns nach neuem Stoff für einen Fernsehbericht umsehen – wie so oft auch später bei meinem guten Dutzend Produktionsreisen auf die Insel »Imaqa«. Hier diktierte vor allem das Wetter das Geschehen, auch den Flugplan für unsere Maschine zur Westküste.

Imaqa – wenn morgen alles nicht ganz anders wird – wollte der dänische Distriktarzt uns auf seinem Kutter mit in die kleine Robbenfänger-Siedlung Isortoq nehmen. Auf diese erste Fahrt im Jahr südwärts, an der Küste hinter dem Eisgürtel entlang, hatte er bis Mitte Juli warten müssen. Es wurde eine Reise durch eine Traumwelt, durch die schwimmenden Kulissen eines phantastischen Naturtheaters.

Im Nebel verborgene Eisschollen schrammten die hölzerne Bordwand, der Kutter ächzte und stöhnte, wenn sie ihn allzusehr bedrängten. Ohne Übergang zerfiel die Nebelhülle über unseren Köpfen. Zinnen und Türme, Minarette und Kuppeln wuchsen – wie unwirklich – aus dem wabernden Urzeitgrau: die Eisberge, bizarres Kunstwerk aus Eiskristall auf einem Wolkenmeer. Neue Nebelschwaden wischten alles fort, gaben aber ebensoschnell wieder den Blick frei auf ein in der Sonne gleißendes Arsenal von riesenhaften Monumenten, die ein Bildhauer in grenzenloser Vielfalt der Gestalt aus dem Werkstoff Eis geformt zu haben schien. Die schwimmenden Kolosse begnügten sich nicht mit eintönigem Weiß. Einige waren von Bändern aus blauem Eis durchzogen, andere ließen das Meer ringsum smaragdgrün aufleuchten. Ein in Kälte erstarrter Traum umgab den Kutter, der sich mit immer neuen Anläufen in immer neue Fahrrinnen seinen Weg nach Isortoq durchs Eis bahnte.

Bei unserer Ankunft schien das ganze Dorf zur Begrüßung auf den Hafenklippen versammelt. Ein respektabler Troß folgte uns auch zur Kirche, die zugleich als Schule diente. Jetzt wurde sie für ein paar Tage auch noch Herberge für ein ZDF-Team. Wir schliefen auf dem nackten Dielenboden. Gletschereis lieferte uns Trinkwasser, für Licht sorgte eine blakende Petroleumlampe, Strom gab es nicht in Isortoq.

Katechet Boas – für das Seelenheil der 139 Isortoqer ebenso zuständig wie für deren Schreib- und Rechenkünste – erwies sich als eine unerschöpfliche Informationsquelle: Der alte Masanti, zum Beispiel, habe 63 Eisbären in seinem Jägerdasein erlegt; bei ihm lernte die Dorfjugend noch, den Kajak zu bauen – aus Treibholz und der Haut der Bartenrobbe, so, wie man es auch vor tausend Jahren schon machte. Hier lebte also noch etwas vom alten Grönland der Jäger und Fänger – wir hatten unser neues Filmthema inclusive Hauptdarsteller.

Acht Jahre später: Als unser Kutter nach Isortoq kam, waren die Hafenklippen leer, das Dorf wie ausgestorben. Die gesamte Einwohnerschaft fand ich in der verdunkelten Kirche versammelt, vor einer Leinwand, auf der sich Maria Schneider und Marlon Brando in Bertoluccis *Der letzte Tango in Paris* schmachtend in den Armen lagen. Das Dorf war elektrifiziert – die moderne Zeit hatte auch Isortoq hinter dem Eis erreicht. Von den 25 Kajaks waren nur noch elf übrig – Masantis Enkel fuhren mit dem Speedboot zur Jagd.

Und weitere zehn Jahre später hatte der Videorecorder Einzug in Isortoq gehalten. Die Kajakgestelle waren leer. Boas – noch immer Katechet – berichtete uns von Arbeitslosigkeit. Aber vielleicht würden ja die Ölfunde an der Ostküste für Brot sorgen, wie drüben in Kanada und Alaska. Und Gold habe man ein Stück weiter nach Norden, am Scorebysund, entdeckt. Skål, darauf wollen wir ein Bier trinken ...

Sechs Tage nach Armstrongs Mondlandung flogen wir dann endlich über die grenzenlose Eiswüste westwärts. Wir ahnten noch nichts von dem Loch, das man 1990 über 3000 Meter tief in dieses Eis bohren würde, um ein Tagebuch des Weltklimas zurück bis etwa zum Jahr 200 000 vor Christi zu erhalten. Ich dachte an die alte Schulmeisterformel, daß die Weltmeere um sechs Meter stiegen, wenn das Grönlandeis eines Tages schmelzen würde. Im Jahr der Monderoberung war das nur eine mathematische Hypothese, die die unvorstellbare Menge des Eises vorstellbar machen sollte. Als ich im Mai 1990 die Rieseninsel mit der DC 10 aus Kopenhagen überflog, fand ich in der renommierten Wissenschaftszeitung *Annals of Glaciology* ein Schreckensscenario: Schon in den nächsten hundert Jahren würde abschmelzendes Grönlandeis die Meere um 20 Zentimeter ansteigen lassen – mit verheerenden Folgen für flache Küstenländer wie Bangladesch. Denn 1990 wußte man um die globale Bedrohung durch den Treibhauseffekt und um die Existenz des Ozonloches über der Arktis.

Die im Flugzeug ausliegende Wirtschaftszeitung *Børsen* wußte an dem Tag zu vermelden, daß die Gold- und Platinfunde am Scorebysund wohl zu den größten der Welt gezählt werden müßten ...

BILDER EINES TIEFGEFRORENEN KONTINENTS

Auf der größten Insel der Welt bestimmt ein Stück vergessener Eiszeit den Lauf der Natur

Die Eisbrocken in unseren Gläsern knisterten und wisperten. »Da flüstert die grönländische Vergangenheit!« Svend Lauritzen hob sein Glas. »Skål, auf Erik den Roten, der dieser eisigen Insel vor tausend Jahren den Namen Grünland gab. Aber er hat doch ziemlich übertrieben. Du wirst es morgen bei unserem Flug sehen.«

In unseren Gläsern schwammen Eisbrokken vom nahen Qoorog-Gletscher, ein winziges Stück von den 2,8 Millionen Kubikmetern des Ewigen Eises, das den größten Teil Grönlands unter sich begraben hat. Dieses Inlandeis wuchs in einer Riesenschüssel mit einem Rand aus alpinen Küstengebirgen aus dem Schnee der letzten anderthalb Millionen Jahre, Schicht um Schicht, die unter dem ungeheuren Druck miteinander verschmolzen. Dabei wurde die eingeschlossene Luft in mikroskopischen Bläschen mit einem Innendruck von mehreren atü zusammengepreßt. Das schmelzende Eis in unserem Whisky ließ diese Hochdruckkörper mit hörbarem Knistern »explodieren«.

Die grönländische Vergangenheit: Wir konnten uns an diesem Abend in Narsarsuaq der Imagination hingeben, von der Luft zu atmen, die Erik den Roten und seine Wikinger, als sie in ihrer neuen Heimat landeten, drüben auf der anderen Seite des Fjordes umweht haben könnte – vor 1000 Jahren. Vielleicht war es auch die 4000 Jahre alte, von CO_2 noch völlig unverschmutzte Luft, die die ersten Menschen, die ihren Fuß auf diese Insel setzten, atmeten – die Ur-Eskimos, die, vom Hunger getrieben, dem Moschusochsen über die Naresstraße gefolgt waren. Oder flüsterte da in unseren Gläsern der 150 000 Jahre alte Sauerstoff aus einer Zeit, als ein eisiges Leichentuch auch die Norddeutsche Tiefebene kilometerdick deckte?

vorhergehende Doppelseite: Die gigantischen Eisberge im Eisfjord von Ilulissat (Jakobshavn) bieten ein beeindrukkendes Erlebnis. Für die Schiffahrt sind sie gefährliche Hindernisse.

In unseren Gläsern perlte die Vergangenheit. Das Inlandeis hat sie für die Nachwelt tiefgekühlt archiviert – zur Freude der Wissenschaft unserer Tage. Denn dieses auf Grönland vergessene Stück Eiszeit ist für sie zu einer Schatzkammer geworden, in der sie immer neue Indikatoren für die Geschichte des Lebens auf unserem rätselvollen Planeten entdeckt.

Svend Lauritzen, unser Gastgeber, war Eislotse bei Isrecco, dem dänischen Eiswarndienst für die Gewässer um Grönland. Man hatte diesen Dienst 1959 gegründet, als das Versorgungsschiff »Hans Hedtoft« auf der Heimfahrt von der Jungfernreise am berüchtigten Kap Farvel einen Eisberg gerammt hatte und gesunken war – mit 95 Menschen an Bord. Während die DC 4 auf der Rollbahn, auf der im Zweiten Weltkrieg 28 000 US-Bomber auf ihrem Flug nach Europa zwischengelandet waren, für den Beobachtungsflug startklar gemacht wurde, zeigte Lauritzen mir in der Eiszentrale die Satellitenfotos von Grönland, die Essa 8 gerade aus dem Weltall zur Erde gefunkt hatte.

»Schade, daß Nordgrönland unter Wolken liegt«, schmunzelte er, »sonst hättest du sehen können, wo Grönland im letzten Jahr noch ein Stück länger geworden ist. Dabei sind es von Kap Farvel im Süden bis zum Nordzipfel schon 2400 Kilometer. Eigentlich sind wir ein eigener Kontinent und nicht nur die größte Insel der Welt!«

Mit dem eigenen Kontinent hatte er nicht einmal übertrieben. In einem dänischen Standardwerk schreibt der Geologe E. Bondesen: »Mit seiner charakteristischen Form auf der Weltkarte vermittelt Grönland den Eindruck, ein Mini-Kontinent zwischen dem nahen Nachbarn Nordamerika und dem fernen Europa zu sein. Angesichts der Hypothe-

Nahe der Stadt Kangaamiut wandert eine Gletscherzunge vom Gebirgsmassiv talwärts.

se von der Kontinentaldrift wäre es – geologisch gesehen – auch begründet, in Grönland mit seinem eigenen Sockel einen isolierten Kontinentalblock zu sehen.«

Mit der Größe des Beinahe-Kontinents hatte es – wie Lauritzen mir klarmachte – seine Schwierigkeiten. Man habe sich noch nicht einigen können, ob die Insel denn nun 2 175 600 km² groß sei, wie es noch im offiziellen Handbuch stehe, oder sogar 2 186 000 km², wie die neuesten Berechnungen ergeben hätten. Auch beim Inlandeis gebe es Differenzen: 1 833 900 km² sage die alte, »nur« 1 726 400 km² die neue Zahl! (Der offizielle Grönland-Atlas von 1989 hat als Gesamtfläche 2 184 700 km² festgelegt, für das Inlandeis 1 799 850 km² und für das eisfreie Areal 384 500 km².)

Und dann war da noch die Sache mit dem Längenwachstum. Bis 1968 galt das Kap Morris Jesup bei 83° 39′ nördlicher Breite als der nördlichste Punkt. Dann aber hatten die Geographen entschieden, daß das kleine Felseneiland Kaffeklubben, das Robert E. Peary 1900 entdeckt hatte, noch vier Gradminuten weiter nördlich lag, was immerhin sieben Kilometer näher zum Nordpol bedeutete. Doch 1978 fanden Geodäten bei einer Landvermessung in Nordgrönland eine weitere Insel von dreißig Metern Durchmesser, die sie Oodaap tauften. Mit ihr wanderte die Nordspitze noch einmal um 1500 Meter in Richtung Pol. Grönland endet jetzt exakt bei 83° 40′ 32,15″ nördlicher Breite – bis jemand eine neue Insel im Eismeer entdeckt.

»Denk nachher mal an Erik den Roten und sein grünes Land!« meinte Lauritzen, als wir zu der startbereiten Maschine gingen. Und da lagen dann nach dem Start auf der anderen Seite des Fjordes die üppig grünen Weiden des einstigen Brattahlid unter uns. Vor tausend Jahren hatten dort Eriks Kühe und Schafe gegrast. Wir flogen über gelbgetupfte Sommerwiesen voller Butterblumen, über violette Teppiche mit *niviarsisaq,* den Polarweidenröschen, über Birkenwälder. Hatte der Wikinger also doch nicht übertrieben mit seinem euphemistischen Grünland?

Doch die sommerliche Pracht wich bald den driftenden Eisbergen, den Barrieren aus gestautem Meereis, der weißen Unendlichkeit des Inlandeises, das sich von Horizont zu Horizont erstreckt und ohne Übergang im Himmelsgewölbe aufgeht. Eine ganze Armada von gigantischen Eisbergen, die der Ostgrönlandstrom von den Mammutgletschern der Ostküste um das Kap Farvel herum getrieben hatte, behinderte selbst jetzt im Juli noch die Schiffahrt vor Qaqortoq (Julianehåb) – Qaqortoq liegt auf derselben geographischen Breite wie Oslo.

Unsere Maschine nahm Kurs auf die Ostküste. Ein endloses Mosaik von Eisschollen zog unter uns dahin. An vielen Stellen reichte es über 30 Kilometer weit ins Meer hinaus. An diesem abweisenden Küstenstrich wohnt auf 750 Kilometern keine Menschenseele. Unmittelbar aus dem Meer wächst hier das Gebirge über 2 000 Meter steil in die Höhe:

Auf der Disko-Insel gedeihen an den zahlreichen Quellen und kleinen Bächen üppige Moospolster. Nur 15 Prozent Grönlands sind nicht vom Ewigen Eis bedeckt. Das sind 384 000 Quadratkilometer, ein Gebiet das etwas mehr als anderthalbmal so groß ist wie die alte Bundesrepublik.

Auf den überschwemmten Bergwiesen wächst während des kurzen Sommers der Schachtelhalm.

der östliche Schüsselrand, der das Inlandeis daran hindert, ins Meer zu fließen.

»Vor uns liegt der Gyldensløvfjord«, hörte ich die Stimme unseres Piloten Kjeld Evensen im Kopfhörer. Evensen ist Norweger. »Wir drehen jetzt eine Fridtjof-Nansen-Gedächtnisrunde!« Unsere Maschine durchflog ein tief eingeschnittenes Gletschertal mit seinem blauleuchtenden Eisbruch und zog dicht über dem Inlandeis ein paar riesige Schleifen. Tausendfache Schründe und Schratte zerkerben und zerreißen seine Oberfläche am Gletscherabfluß, sanft gewellte Schnee-Ebenen mit blankpolierten Eiskappen ziehen sich zum Inselinneren hin.

An dieser Stelle war Evensens berühmter Landsmann, der norwegische Polarforscher Fridtjof Nansen, 1888 zur ersten erfolgreichen Überquerung der hier 600 Kilometer breiten Eisöde aufgestiegen. Vor ihm hatten andere das Abenteuer gewagt – getrieben von der großen Neugier. Denn noch kein Mensch hatte gesehen, was sich hinter den abweisenden Rändern des Ewigen Eises verbarg. Der schwedische Polarforscher Adolf Erik Nordenskiöld hatte zweimal vergeblich versucht, das Rätsel zu lösen. Beide Male hatten ihn unmenschliche Strapazen zur Rückkehr gezwungen – nach 56 Kilometern beim ersten Mal, nach 117 Kilometern beim zweiten. Nansen und seine fünf Begleiter kämpften sich auf Skiern in 40 Tagen härtester Anstrengungen durch die eisige Wüste, bis nach Godthåb, dem heutigen Nuuk, durch. Land, so konnte der Norweger als erster Mensch berichten, gab es zwischen den Küstengebirgen nicht – nur Eis, nichts als Eis.

Ich hatte den weißen Panzer, der etwa vier Fünftel der Insel unter sich begraben hält, beim Flug von Kopenhagen aus 10 000 Metern Höhe betrachtet – das Eis, das sich ohne Anfang und Ende über einen ganzen Kontinent zu breiten scheint. Die Brüche, Klüfte und Spalten gerieten aus der Höhe gesehen zu grafischen Mustern auf einer Riesenleinwand, zu skizzenhaften Andeutungen: Linien, die aus dem Nichts kamen und im Nichts endeten, sich verästelnde Risse, zerfurchte Elefantenhaut. Die Gletscher, die über den Rand quollen, glichen erstarrtem Milchbrei.

Selbst aus 10 000 Metern Höhe blieben die Dimensionen dieses – nach der Antarktis – zweitgrößten Eisblocks auf unserem Erdball jenseits aller Vorstellungskraft. Auch wenn die Computerauswertung der jüngsten Daten von Satellitenaufnahmen, militärischer Luftfotografie und von landgestützten Messungen die früher angenommene Ausdehnung von 1 833 900 km² auf 1 799 850 km² revidiert hat, bleibt das noch immer ein tiefgefrorener Klotz, auf dem das vereinte Deutschland mühelos fünfmal Platz hätte. Zwischen seinem Südzipfel knapp über dem 60. Breitengrad und dem nördlichsten Saum am Pearyland liegen 2 400 Kilometer – die

Entfernung von Hamburg nach Casablanca. Und die größte Breite des Inlandeises von 1040 Kilometern entspricht der Luftlinie von Hamburg bis Florenz.

Der große Traum aller Polarforscher war es immer gewesen, ein Loch durch den Eispanzer zu bohren, bis man irgendwann auf den Grund stieß. Man wollte endlich erfahren, wie hoch das Eis eigentlich in der Mammutschüssel aufgetürmt liegt. Doch alle herkömmlichen Bohrtechniken versagten. Man löste das Rätsel erst, als man das Eis, wie die Ölsucher, mit Schallwellen von seismographischen Sprengungen und – nach 1967 – mit elektromagnetischen Impulsen aus fliegenden Radarstationen durchdringen konnte. Das Ergebnis: Zwei Drittel der 1,8 Millionen Quadratkilometer sind mehr als zwei Kilometer dick. An seiner höchsten Stelle mißt der Eisblock 3300 Meter!

Ein Eisgebirge von 2,8 Millionen Kubikkilometern! Das würde ausreichen, die gesamte Menschheit 1862 Jahre lang mit Frischwasser zu versorgen, wobei jeder – wie der statistische Mitteleuropäer – täglich 125 Liter verbrauchen könnte. Doch es gibt auch einen Vergleich, der aus der theoretischen Zahlenspielerei herausgewachsen ist in das bedrückende Szenario der drohenden globalen Klimakatastrophe: Ein vollständiges Abschmelzen würde die Weltmeere um sechs Meter ansteigen lassen. Selbst ein teilweises Abschmelzen des Eises würde schon die Sintflut über viele dichtbevölkerte Küstenregionen unseres Erdballs kommen lassen.

Noch aber sorgt der jährliche Schneefall trotz Ozonloch und Treibhauseffekt für eine stabile Massenbalance. In den letzten Jahren haben Großrechner aus den Meßdaten der Radarflüge ein auf Dezimeter genaues Oberflächenprofil der Landscholle unter der Eisdecke geliefert. Dieses Relief einer begrabenen Welt zeigt, daß eine Riesenfaust die ganze Insel in die Tiefe zu drücken scheint. Große Gebiete Nordgrönlands sind bis auf 300 Meter unter den Meeresspiegel abgesunken. Im Süden liegt der Eispanzer auf einem Bergrücken 1000 Meter über dem Meer.

Grönlands Flora ist dem arktischen Klima hervorragend angepaßt. 1000 verschiedene Arten von Flechten und Moosen kommen auf der Insel vor.

Wie weit geht man zurück in der Genesis der Insel, um zu begreifen, warum dieses Relikt der Wisconsin-Eiszeit auch nach einer

Million Jahren noch den Mini-Kontinent unter sich begraben hält? In Nordeuropa, das zu Beginn des Quartär ebenfalls unter einer Eisdecke lag, sind ihre Reste seit Jahrtausenden verschwunden. Das arktische Klima allein erklärt das Fortbestehen nicht – trotz winterlicher Kälterekorde von minus 70 Grad Celsius in Nordgrönland. Denn immerhin reicht das Ewige Eis weit in den Süden bis auf die geographische Breite von Stockholm. Warum schmilzt es selbst hier nicht?

Wie weit also soll man in der Erdgeschichte zurückblättern? Japanische Geologen haben sich im Sommer 1990 fünf Tonnen Gneis-Felsen vom Nuukfjord nach Tokio geholt. Mit seinen 3,8 Milliarden Jahren ist dieses Gestein das älteste Stück Erdkruste überhaupt – so alt ist Grönland schon. Vor 350 Millionen Jahren stieg an seiner Ostküste der Ichthyostega aus dem Urmeer, der vierbeinige Fisch, das erste landtaugliche Wirbeltier. Vor hundert Millionen Jahren rauschten hier Ginkgobäume und Magnolien, Platanen und Brotfruchtbäume im subtropischen Wind. Ihre Reste hat man in Grönland bis 1972 verheizt – als Kohle aus der Grube Qutdligssat.

Doch vor drei Millionen Jahren begann die große Kälte auf Grönland. Es war die Geburtsstunde des heutigen Inlandeises. Von den hohen Küstengebirgen wuchsen Firn- und Eisfelder allmählich auf die endlose Hochebene im Landesinneren. Sie verschmolzen dort mit dem Schnee zu einer durchgehenden Decke. Die gewaltige Senke hinter den Bergen begann sich zu füllen. Die weiße Riesenfläche reflektierte die Sonnenwärme zurück in die Atmosphäre. Das machte es noch kälter und ließ das Eis weiter wachsen. Vor anderthalb Millionen Jahren wölbte es sich als gewaltige Kuppel über die Randgebirge hinaus von Meer zu Meer. Zwischeneiszeiten ließen die Ränder wieder abschmelzen. Doch für das in der Schüssel gefangene Eis gab es kein Entrinnen. Die in seiner Riesenmasse gespeicherte Kälte wurde zum Kühlaggregat, das laufend neues Eis aus Niederschlägen produziert. Es gleicht so bis heute das Abschmelzen im Sommer und die Gletscherabflüsse aus. Dabei werden allein mit den Eisbergen im Jahr 300 Milliarden Tonnen ins Meer geschickt, vor allem über den Jakobshavngletscher, den produktivsten Gletscher der Welt.

Die grandiose Szenerie im Fjord unter mir war für die Vergänglichkeit geschaffen – die schwimmenden Riesenpaläste aus Diamant und Aquamarin, die Dome aus Kristall, die driftenden Glasgebirge mit ihren Abbruchkanten aus poliertem Perlmutt, das Funkeln, Glitzern und Gleißen. Da lag die ganze unwirkliche Pracht klirrender Kälte, die zu Materie erstarrt war, zu Milliarden und Abermilliarden Tonnen von Eiskristallen. Die nachdrängenden Kolosse würden die ganze aufgestaute Flotte von Eisbergen irgendwann über das Unterwasserriff am Ausgang des

Während der kurzen Vegetationsphase leuchtet das Blau der grönländischen Glockenblumen.

links: Ganz Grönland liegt nördlich der Waldgrenze. Dennoch wachsen im Süden in geschützten Tälern Bäume – meist kriechende Formen. Die wichtigste unter den fünf heimischen Arten ist die Birke, deren Stämme eine Länge von bis zu fünf Metern und einen Durchmesser von 20 Zentimetern entwickeln können.

Wie Blei liegt die See im Nebel der sommerlichen Morgenstunde. Die gigantischen Dimensionen der Eisberge lassen sich im grauen Gewölk nur erahnen.

Fjordes schieben. Lautlos würden die Giganten hinaussegeln in die Diskobucht und weiter in die Baffin Bay, drüben vor der kanadischen Küste. Der Labradorstrom würde sie vielleicht mit nach Süden nehmen, an den Neufundland-Bänken vorbei, wo sie die Ölbohrschiffe auf dem Hibernia-Feld bedrohen könnten, oder – ein paar hundert Seemeilen weiter südlich – die Frachter und Tanker auf der Atlantikroute. Irgendwo dann, vielleicht bei den Azoren, würden die Riesen nach Jahren in Nichts aufgehen.

Die driftenden Riesen: Fünfzig, sechzig Meter hoch ragten sie aus dem Jakobshavnfjord. Ich wußte, daß je nach physikalischer Dichte fünf Sechstel bis neun Zehntel des Sichtbaren noch unter Wasser schwammen. Es waren also Berge von 300, 400 Metern Höhe, die aufs Meer hinaustrieben – selbst solche von 800 Metern sind hier keine Seltenheit. Von diesem Gletscher allein werden Tag für Tag 140 Millionen Tonnen Eis auf die Reise geschickt. New York mit seinen sieben Millionen Einwohnern hätte von einer »Tagesproduktion« für einen knappen Monat Trinkwasser.

Ich hatte Ilulissat (Jakobshavn) zu allen Jahreszeiten besucht, und jedesmal war ich zu dem erregenden Naturtheater am Eisfjord hinausgewandert. Blaue Teppiche aus Glokkenblumen lagen im Sommer auf den Berghängen vor den weißen Riesen, gelbe Kissen aus Sonnensteinbrech, grün leuchtende Moospolster. Ich mußte an das Altarbild in der Kirche von Qaqortoq denken – Grönlands Blumen waren da wie auf einer botanischen Schautafel aufgereiht – als Sinnbilder des ewigen Lebens in der vom Tod so unmittelbar bedrohten Welt.

In der Artenvielfalt von Flora und Fauna muß Grönland sich bescheiden – das rauhe,

Moschusochsen, die zottigen eiszeitlichen Tiere, leben hauptsächlich im Norden und Nordosten der Insel. Ihr Bestand wird mit 6000 bis 7000 Tieren angegeben. Davon leben 2000 an der Westküste bei Kangerlussuaq (Søndre Strømfjord), die von 27 dort in den sechziger Jahren eingebürgerten Tieren abstammen. Bis an die Westküste waren die Moschusochsen auf ihren Wanderungen im Laufe der Jahrtausende nie gekommen.

arktische Klima und die extremen Schwankungen im Zyklus von Licht und Dunkelheit setzen ihre Grenzen. Dennoch trotzen über 500 verschiedene Blütenpflanzen und Farne mit erfindungsreichen Überlebensstrategien der eisigen Kälte und der langen Winternacht. Sie nutzen die kurze Spanne der hellen Jahreszeit zwischen dem späten Frühjahr und dem frühen Herbst intensiv zum schnellen Wachsen, Blühen und Fruchttragen. Die Sonne, die sich sommers schwer tut, hinter dem Horizont zu verschwinden, versetzt die Natur in einen euphorischen Lebensrausch. Anfang September sah ich hier die leuchtenden Herbstfarben der Flechten und Moose – das letzte Aufbäumen, bevor die Natur mit schwindendem Licht und sinkender Temperatur wieder zurückfällt in den langen, frostigen Dornröschenschlaf der Winterstarre.

Dieser Platz am Ausgang des Eisfjordes hatte es vor 4000 Jahren schon den ersten Bewohnern der Insel angetan, den Saqqaq-Eskimos. Doch nicht der grandiose Ausblick hatte sie hier ihre Fellzelte aufschlagen lassen, sondern das reiche Nahrungsangebot im Eiswasser. Unmittelbar vor ihrer Haustür vollzog sich das Wunder des arktischen Meeres – das explodierende Wachstum der Algen, wenn nach der Winterstarre die Sonne des späten Frühjahrs wieder Licht für das Unterwasserleben liefert. An den Algen hängt die ganze Wachstumskette: die Krebse und Muscheln, die Fische, die Robben und Wale und – am Ende – der Mensch. Das Meer wird zum Großproduzenten von Biomasse und damit zum wichtigsten Nahrungslieferanten. 4000 Jahre lebte der Mensch auf Grönland vor allem vom Meer – von Robben und Walen.

Für den Sommer 1990 planten dänische Zoologen, fünf Narwale im Meer vor Nordgrönland mit Radiosendern auszustatten. Bei jedem Auftauchen der Tiere zum Atemholen sollten die Sender ein Bündel von automatisch gesammelten und auf Band gespeicherten Informationen in den Weltraum funken. Über Satelliten wollte man so die Wanderwege der Wale im Verlauf eines Jahres verfolgen. Aber man wollte auch etwas über Tauchtiefen erfahren und über Frequenzen und Sendestärken des natürlichen Sonarsystems, das Narwale offenbar für Echoortung und Kommunikation untereinander verwenden. Die Wissenschaft weiß bisher nur wenig über das Verhalten dieses Kleinwals, denn Narwale leben das ganze Jahr hindurch im äußerst schwer zugänglichen Polareis, was eine systematische Feldforschung durch direkte Beobachtung unmöglich macht.

Hinter diesem Experiment steht die Frage, wie Tiere und Pflanzen in dieser lebensfeindlichen Welt aus klirrender Kälte und mit einem extremen Rhythmus von Licht und Dunkelheit existieren können. Welche Schutzmechanismen und Verhaltensweisen haben sie als Ergebnis einer evolutionären Selektion für das Überleben entwickelt?

Wenn am 1. August die Rentierjagd aufgeht, hält es die Männer nicht mehr an ihren Arbeitsplätzen, zu groß ist die Jagdleidenschaft. Auf knappe 20 000 Tiere ist der Bestand von fast 100 000 in den sechziger Jahren zurückgegangen. Die Gründe: Überjagung, Seuchen und Überweidung der Tundra, vor allem in den Bergen um Nuuk (Godthåb), Maniitseq (Sukkertoppen) und Sisimiut (Holsteinsborg).

Die Natur hat da verblüffende Lösungen gefunden. Isoliertechnik gegen Wärmeverluste und Energiesparen durch Drosselung des Stoffwechsels stehen dabei oben an. Niedere Tiere überleben die Winterkälte durch die Produktion von eigenen, biologischen Frostschutzmitteln. Vögel, deren Extremitäten nicht durch das ideal isolierende Federkleid geschützt sind, erwärmen das zurückfließende, abgekühlte Blut in einer Gegenstromanlage mit warmem Blut, bevor es in das Körperinnere zurückgepumpt wird.

Einige Tiere nutzen die gestaffelte Heizung. Bei Rentieren liegt die Temperatur in den relativ dünn behaarten Beinen deutlich unter der des übrigen Körpers – ist aber noch hoch genug, um ein Erfrieren zu verhindern. Polarfuchs und Polarwolf senken im Winter die Temperatur in ihren Pfoten bis auf fünf Grad Celsius. Die großen Säuger trotzen selbst extremer Kälte mit ihrem thermotechnisch optimalem Fell und durch dicke Fettschichten. Mit dem Stoffwechsel regulieren sie den Wärmehaushalt. Auf Grönland haben acht Landsäuger die strenge Auslese überlebt: der Halsbandlemming, das Hermelin, Polarfuchs und Polarwolf, der Schneehase, das Rentier, der Eisbär und der Moschusochse.

Meine erste flüchtige Begegnung mit einem Moschusochsen hatte ich 1972. Ein kräftiger Bulle mit hohen Schultern und einem zottigen, lang herunterhängenden Wollkleid trottete gelassen und unbeeindruckt von bremsenden Jeeps der US-Airforce über die Straße am Flugplatz von Kangerlussuaq (Søndre Strømfjord). Seine Hörner mit den dicken Stirnwülsten, die in einem mächtigen Mähnenkragen saßen, erinnerten an einen Kaffernbüffel. Der massige Schädel dieses Arktisbewohners kann in der Brunftzeit zur tödlichen Waffe für Rivalen beim Kampf um den Harem werden. Wie gewaltige Rammböcke prallen die Bullen dann in vollem Galopp mit ihren Köpfen zusammen.

Der Moschusochse am Flugplatz war Willy, der für viele Grönlandreisenden der siebziger Jahre zu einer legendären Gestalt wurde. Denn mit seiner besonderen Leidenschaft für die Fliegerei tauchte er alle paar Tage – allein oder in weiblicher Begleitung – am Rollfeld auf. Die Feuerwehr mußte ihn nicht selten mit dem Wasserschlauch von der Landebahn vertreiben. Willy kam sogar in die amerikanische Hitparade – einen Musiker unter den hier stationierten US-Soldaten regte die häufige Warndurchsage »Willy is on the base!« zu einem rührseligen Schlager an. Als er, schon etwas altersschrullig, allzu aufdringliche Fotografen zu attackieren begann, mußte man ihn in die Ewigen Jagdgründe Manitous befördern. Willys präparierten Schädel mit einem sauberen Durchschuß zwischen den Augenhöhlen entdeckte ich in Flensburg – im Hause des dänischen Generalkonsuls Jørgen Peder Hansen. Hansen war über viele Jahre Grönland-Minister.

Die Moschusochsen waren vor mehr als 5000 Jahren von Kanada nach Grönland eingewandert. Erst nach ihnen kam der Mensch auf die Insel – ihretwegen. Denn die bis zu 300 Kilo schweren Kolosse waren für die Ur-Eskimos der ersten Einwanderungskulturen der wichtigste Fleischlieferant. Die Tiere blieben im hohen Norden der Insel, vor allem an der Nordostküste, dort, wo heute der größte Nationalpark der Welt (972 000 km^2) liegt. Diesen besonders eisigen Teil Grönlands, wo die Temperaturen bis auf unter minus 50 Grad Celsius absinken, und dem zusätzliche Kälte verursachenden Wind, hatten sich die Tiere ausgesucht, weil hier nur wenig Schnee fällt – das spärliche Winterfutter verschwindet nicht unter einer dikken Decke.

Selbst der Eisbär würde hier Schutz vor der Kälte suchen – dem Moschusochsen reicht sein Fell mit dem »Thermo-Unterhemd«, ein fünf Zentimeter dickes Polster aus feinwolligem Unterhaar, das achtmal besser wärmt als Schafwolle. Darüber liegt als Isolierung nach außen ein zweites Fell aus langen, groben Schutzhaaren, das wie ein ausgefranster Rock am Körper herunterhängt. Keine Körperwärme kann nach außen entweichen – Schnee, der auf den Rücken eines Moschusochsen fällt, schmilzt nicht.

Damit seine Körpertemperatur auch bei extremer Kälte nicht unter 38 Grad Celsius absinkt, muß er zusätzlich gespeichertes Fett verbrennen. Allerdings muß er sich da im Energiesparen üben, denn die Speckschichten, die er sich im Sommer anfuttert, sind im Vergleich zu anderen arktischen Tieren nicht sehr üppig. Deswegen reduziert der Moschusochse in der Kälte seine Bewegungen auf ein notwendiges Minimum, drosselt die Wandergeschwindigkeit und zieht im Gänsemarsch durch tieferen Schnee, um die ausgetretenen Spuren des Vordermannes zu nutzen. Häufig halten die Herden auf ihren Wanderungen wie erstarrt inne – sie legen einen »Winterschlaf im Stehen« ein.

Ein Musterbeispiel für perfekte Anpassung an den extremen Lebensraum ist der »König der Arktis«, der Eisbär. Dieses bis zu 3,60 Meter große und bis 900 Kilo schwere Tier ist – zusammen mit dem Kodiakbären – das größte Landraubtier der Welt. Dennoch führt es ein überwiegend amphibisches Dasein. Als hervorragender Langstreckenschwimmer und Taucher hat der weiße Riese das Treibeis bis fernab von der Küste und die Eiskanten zu seinem bevorzugten Jagdgebiet gemacht. Dort holt er sich seine Hauptnahrung – die Robben. Er taucht nach Muscheln und Blattang oder labt sich – wassertretend – auf hoher See an seiner Beute aus einem Fischschwarm.

Der Eisbär ist zugleich aber auch ein schneller und ausdauernder Langstreckenläufer. Bei einem großangelegten Forschungsprojekt aller fünf Polarnationen in den siebziger Jahren hat man eine Reihe von Tieren mit einem Radiohalsband versehen. Über Satelliten konnte man so regelmäßig ihre Position bestimmen. So erfuhren die Wissenschaftler, daß die Bären am Tag bis zu 40 Kilometern weit wanderten – die Jahresstrecke lag bei mehreren Tieren über 3000 Kilometern. Heute weiß man mit Sicherheit, daß viele der Bären an der grönländischen Südostküste über das Eis von Spitzbergen und einige sogar aus Ostsibirien kommen.

Seine amphibische Lebensweise mit dem häufigen Wechsel von Land und Wasser stellt den Eisbären vor besondere Probleme, seine Körpertemperatur durch Erwärmen oder Abkühlen so zu regulieren, daß sie konstant auf 38 Grad Celsius gehalten wird. Dafür hat die Evolution den Ursus maritimus mit einem komplizierten System unterschiedlicher Thermotechniken ausgestattet.

Lange hatte die Wissenschaft gerätselt, warum der Bär unter seinem meist elfenbeinfarbenen Pelz eine schwarze Haut trägt. Auch für die hohlen Haare des Oberfells hatte man keine rechte Erklärung. Die überraschende Lösung fand man durch Zufall, als man mit Ultraviolett-Fotografie experimentierte. Dabei stellte man fest, daß die Deckhaare als Licht-Rohrleitungen dienen, die kurzwellige Energie aus dem Sonnenlicht auf die schwarze Haut leiten. Diese wirkt als

Sonnenkollektor, der für eine warme Luftschicht im dichten Unterpelz sorgt. Berechnungen haben ergeben, daß die Solarenergie dabei zu 95 Prozent in Wärme umgewandelt wird. Mit dieser Zusatzheizung schützt sich der Bär gegen Kälte an Land.

Im Wasser, das dem Körper zwanzigmal so schnell Wärme entzieht wie unbewegte Luft an Land, hilft ihm eine bis zu zehn Zentimeter dicke Speckschicht. Sie dient zugleich als Energiereserve für magere Jagdwochen. Muttertiere leben oft fünf Monate lang ausschließlich von ihrem eigenen Speckvorrat, wenn sie in einer gut isolierten Schneehöhle ihre Jungen zur Welt bringen und säugen. Dabei verlassen sie die Höhle nicht ein einziges Mal. Um mit den Reserven über die Runden zu kommen, drosselt die Bärin in dieser Zeit ihren Stoffwechsel: Herzschlag und Atmung werden – ähnlich wie beim Winterschlaf – deutlich verlangsamt.

Doch da längst nicht immer alles auch gut für die Wärme ist, was der Kälte gut tut, stellt die Speckschicht den Bären vor zusätzliche Probleme. Sie kann dazu führen, daß er sich bei körperlichen Anstrengungen leicht überhitzt. Deswegen muß die durch Muskelarbeit anfallende Überschußwärme möglichst schnell abgeleitet werden. Dazu wird das warme Blut verstärkt in die nicht isolierten Körperteile gepumpt – in die Nase, in Fußsohlen und Klauen oder in zwei besondere Wärmeaustausch-Zonen zwischen den Schulterblättern. Hier kann es im Gegenstromverfahren mit kälterem Außenblut heruntergekühlt werden. Dabei beschleunigt sich der Herzschlag und die Atmung wird flacher und schneller, was mehr kühle Luft in die Lungen bringt. Wenn diese innere Klimaanlage an »heißen« Sommertagen nicht ausreicht, graben Eisbären am Land häufig Gruben bis an die Permafrostschicht im Erdreich, in denen sie sich abkühlen.

Der Speck ist auch für die Meeressäuger, die Robben und Wale, die in einer überraschenden Artenvielfalt in den eisigen Gewässern um Grönland leben, ein wichtiges Isoliermaterial. Denn Fettgewebe werden nur spärlich durchblutet. Damit wird auch nur wenig Wärme an die Körperoberfläche transportiert, wo sie ungenutzt verloren geht. Bei Walen hat die Isolierschicht an der Außenseite fast immer die Temperatur des umgebenden Wassers.

Daß der eisige Lebensraum die Wale zu wahren Speckgebirgen gemacht hat, – der Blauwal wiegt bis zu 150 Tonnen –, wurde ihnen zum Verhängnis. Vor 400 Jahren begannen baskische und holländische Walfänger vor Grönland mit der systematischen Jagd auf die Riesen, um aus ihrem Speck das begehrte »Öl für die Lampen Europas« zu kochen. Durch den industrialisierten Raubbau in unserem Jahrhundert wurden viele Arten vom Aussterben bedroht. Rettung kam in allerletzter Minute durch ein noch heute geltendes, totales Verbot des kommerziellen Walfangs. Eine Ausnahme wird nur für die eingeborene Bevölkerung der Arktis gemacht. Sie jagt die Riesen – wie die grönländischen Eskimos – nur für den Eigenbedarf.

Ähnlich wie den Eisbären macht der Sommerspeck auch den Robben Kummer, vor allem dem Walroß, einem Dreißig-Zentner-Riesen. Auch diese Tiere nutzen eine Sicherheitseinrichtung, damit es beim »Sonnenbaden« auf den Eisschollen nicht zu einem Hitzschlag kommt. Diese läßt das zu warme Blut in die vom Eis gekühlte Unterseite des Körpers fließen. Das braune Walroß färbt sich bei dieser Klimatisierung am ganzen Körper rosarot.

Überwältigend ist der Anblick der Eismassen auf dem 50 Kilometer langen und zehn Kilometer breiten Eisfjord von Ilulissat (Jakobshavn).

Wie hat sich der Mensch auf diesen extremsten aller Lebensräume unseres Planeten eingestellt? Als »nackter Affe« konnte er nicht auf den lebensrettenden Pelz der arktischen Säuger zurückgreifen. Und er konnte sich nur sehr begrenzt durch eine Speckschicht vor der mörderischen Kälte schützen – sie hätte ihn in der notwendigen Beweglichkeit behindert. Damit entfallen für den Homo sapiens zwei der wichtigsten Schutzprinzipien. Diesen Mangel mußte er mit Hilfe seiner Intelligenz wettmachen: durch angepaßte Kulturtechniken, vor allem durch Kleidung, Behausung, Feuer und Nahrung; durch soziales Verhalten, aber auch durch psychologische Verhaltensweisen, wie Sitten und Gebräuche.

Physiologisch hat sich der Mensch weit weniger angepaßt, als es etwa der überwiegende Teil der früheren Arktis-Literatur glauben macht. Denn für einen dauerhaften Mutations- oder Adaptionsprozeß mit tiefgreifenden Veränderungen der Erbanlagen lebt er noch nicht lange genug in der Arktis. Die wenigen tausend Jahre reichen dafür nicht aus.

Zwar scheint die von 1847 stammende Bergmannsche Regel auf die Eskimos zuzu-

Über einen 1000 Meter hohen Paß geht die Fahrt der beiden Schlittengespanne nach Tiniteqilaaq an der Ostküste Grönlands.

treffen, wonach sich die besonders von Wärmeverlust betroffenen Extremitäten von Lebewesen in kalten Regionen zurückbilden. Dadurch wird die der Kälte ausgesetzte Körperoberfläche ganz wesentlich reduziert. Eskimos sind relativ klein und gedrungen. Sie haben besonders kurze Gliedmaßen, kleine Ohren und kurze Nasen. Sie nähern sich damit der Idealform eines Körpers, der Wärme bewahren muß – nämlich der Kugel. Eskimos haben schmale Augenschlitze, die als natürliche Schneebrillen dienen können, und sie können schadlos weit tiefere Temperaturen ertragen als andere Völker. Sie verarbeiten offensichtlich sogar ihre Nahrung anders, wie amerikanische Forscher herausgefunden haben. Da sie bis in unsere Tage fast ausschließlich von Fleisch und Speck lebten, versorgten sie ihren Körper überreichlich mit Proteinen. Diese liefern eigentlich vergleichsweise wenig Energie. Doch Eskimos setzen die Eiweißbausteine des Fleisches in ihrem Körper in kraftspendenden Traubenzucker um – der in großen Mengen dazu vertilgte Speck fördert offenbar die Verwandlung in Glucose.

Diese Eigenschaften haben ihnen sicher den permanenten Kampf gegen die Kälte er-

leichtert. Aber sie sind – so die heutige Wissenschaft – noch keine Resultate einer Mutation oder tiefgreifenden Adaption, die mit ihren bleibenden Veränderungen auf einen speziellen Lebensraum zielt. Denn auch andere mongolide Völker, die in gemäßigtem Klima oder sogar in den Subtropen leben, weisen ähnliche Erscheinungsformen auf.

»Die allgemeine Auffassung, daß sich Eskimos wegen ihres Körperbaues besser für die Arktis eignen als andere Menschen, ist durch nichts begründet. Es gibt keinen Menschentyp mit Anzeichen für eine wirkliche Anpassung an die Kälte«, sagte der dänische Anatomie-Professor J. P. Hart Hansen, der intensiv seit Jahrzehnten in Grönland forscht. »Der Mensch in Thule braucht nicht anders als der in Nairobi auf seiner Haut ein feuchtes, tropisches Mikroklima von 37 bis 38 Grad Celsius. Das muß der Eskimo unter seinem Robbenfellanorak genauso halten wie der Sizilianer unter seinem T-Shirt. Da unterscheidet er sich durch nichts vom pelztragenden Eisbären.«

Nur seine Intelligenz hat dem Menschen geholfen, ein paar Jahrtausende in der Arktis zu überleben.

Intensiv leuchtet das »Blaueis« im Sonnenlicht. Ungefähr 3000 Jahre ist es alt.

DIE INUIT DIE WIRKLICHEN MENSCHEN

Die Geschichte der Eskimos ist eine Kulturgeschichte der menschlichen Anpassung an einen extremen Lebensraum

Auf Kriminalinspektor H. P. Andersson vom Kopenhagener Zentralbüro für Identifikation wartete im Herbst 1978 eine mehr als ungewöhnliche Aufgabe: der Fall Qilakitsoq. Doch auch das halbe Hundert dänischer Anthropologen, Ethnologen, Ärzte und Zahnärzte, Physiker und Chemiker, Botaniker und Zoologen erwartete voller Spannung die Ankunft der acht Eskimos aus Qilakitsoq – einer verlassenen Jägersiedlung knapp 500 Kilometer nördlich des Polarkreises. Die sechs Frauen und zwei Kinder kamen im Frachtraum einer SAS-Maschine nach Kopenhagen. Sie waren tot – seit einem halben Jahrtausend. Es waren Mumien. Durch die natürliche »Gefriertrocknung« an ihrem Fundort waren sie erstaunlich gut erhalten. Das galt auch für ihre Kleidung, die sie für ihre lange Reise in die Ewigkeit trugen.

Von diesem einmaligen Fund versprach sich die Wissenschaft Antworten auf viele noch offene Fragen zum Leben der grönländischen Urbevölkerung. Die Mumien wurden zum Gegenstand des größten interdisziplinären Forschungsvorhabens, das sich je mit Eskimos befaßt hat. Davon wird später noch die Rede sein.

Gut 300 Jahre vor der postumen Europa-Reise der Acht aus Qilakitsoq im Dienst der Wissenschaft hatte man dem Herzog Friedrich III. aus dem Hause Schleswig-Holstein-Gottorf drei leibhaftige und lebende »Wilde« von der rätselhaften Eisinsel an seinen Schleswiger Hof geschickt: zwei Eskimofrauen und ein 14jähriges Mädchen. Eine »Leihgabe« des dänischen Königs Frederik II., der, weil in Kopenhagen die Pest wütete, gerade im benachbarten Flensburg residierte. Kapitän David Danell hatte sie 1654 von einer »Expedition« aus Grönland mitgebracht – gewaltsam, wie es damals üblich war.

Nicht weit entfernt von diesem Grab bei Sermermiut liegt die Todesklippe, eine senkrecht ins Meer abfallende Felswand, von der sich in Zeiten der Hungersnot alte und schwache Menschen hinabstürzten, um die Familie auf diese Weise von »unnützen« Essern zu befreien.

vorhergehende Doppelseite: Unweit von Ilulissat (Jakobshavn) legten die Archäologen die Reste einer etwa 400 Jahre alten Inuit-Siedlung frei. Hier in Sermermiut am Ausgang des Jakobshavnfjordes hatten sich die Inuit einst angesiedelt, weil Fjord und die nahe Diskobucht reiche Jagdbeute versprachen.

Menschenjagd hatten hier schon die ersten europäischen Entdeckungsreisenden betrieben. Denn die Kommandeure der Expeditionsschiffe wußten, wie sie sich die notwendige Gunst ihrer Herrscher erhalten konnten: mit exotischen Lebewesen – ob Tier, ob Mensch. Von den zwei Dutzend nach Kopenhagen entführten Eskimos starben etliche vor »lauter Ohnmacht, die sie sich durch Kümmernus und Traurigkeit selbst verursacht und zugezogen hatten«. Andere ertranken beim verzweifelten Versuch, mit dem Kajak über das offene Meer zurück nach Grönland zu entfliehen.

Von einer solchen Tragödie legt ein Grönländer-Boot Zeugnis ab, das heute in der Lübecker Schiffergesellschaft hängt. Seefahrer hatten es 1607 aus der Nordsee gefischt – mit einem Eskimo, der kurz darauf starb.

Andere Entführte wurden vom königlichen Statthalter in Kolding als Perlentaucher in der Ostsee eingesetzt. Selbst im Winter hatte er einen »armen, abgerichteten Grönländer gleich einem Wasserhund so oft unters Eis geschickt, bis er endlich vor Kälte und Ungemach den Geist aufgeben mußte«. So berichtet eine Chronik aus dem Jahre 1697 über das Schicksal der ersten Ureinwohner der westlichen Halbkugel, die man in der Alten Welt zu Gesicht bekommen hatte, und die man mit dem Hochmut der Europäer als »Wilde« bezeichnete.

Am Hof von Gottorf konnte der gelehrte und weitgereiste Astronom Adam Olearius dank des von Frederik II. ausgeliehenen, lebenden »Studienmaterials« seinem Buch *Oft begehrte Beschreibung der neuen Orientalischen Reise* ein ausführliches Kapitel über Eskimos, ihre Kleidung, Sprache und Gewohnheiten hinzufügen. Es wurde die erste »wissenschaftliche« Darstellung der grönländischen Eskimos. Denn bis dahin hatte man fast nur die wundersamsten Nachrichten über die Skrälinger vernommen, wie die isländischen Sagas die Eingeborenen von der Nachbarinsel nannten. So war in der um 1200 niedergeschriebenen *Historia Norwegiae* zu lesen: »Im Norden haben Jäger sehr kleine Wesen entdeckt, Skrälinger genannt. Die sterben ohne Blut zu verlieren, wenn sie von einer Waffe verletzt werden, und bei denen das Blut weiterkreist, wenn sie tot sind. Sie kennen überhaupt kein Eisen und benutzen Walfischzähne als Pfeilspitzen und scharfe Steine als Messer.«

Der berühmte Køkkenmødinger, der Küchenabfall, der Inuit-Siedlung Sermermiut, ohne den die Archäologen nur wenig über das Leben der Ur-Eskimos herausfinden könnten.

Die Mumien von Qilakitsoq zeigen ebenso wie die »Wilden« am Gottorfer Hof, daß die Eskimos die Wissenschaft schon seit Hunderten von Jahren faszinieren. Wer sind diese Eskimos, die in der Alten wie in der Neuen Welt über 10 000 Kilometer Küste bewohnen – von Grönland im Osten über Kanada bis nach Alaska und von dort über die Beringstraße bis nach Sibirien hinein? Insgesamt ist das ein Lebensraum, der sich über 140 Längengrade erstreckt! Woher kam das Volk, als es im Hohen Norden aus dem vorgeschichtlichen Dunkel auftauchte und den neugierigen Archäologen seine ersten Spuren hinterließ? Was hatte es bewogen, sich ausgerechnet das menschenfeindlichste Stück Erdball als Lebensraum auszuwählen? Welche Adaptionsmechanismen und welche Kulturtechniken hatte man sich einfallen lassen, um die extreme arktische Herausforderung bestehen zu können?

Ein ganzer Katalog offener Fragen wartet noch immer darauf, von der Wissenschaft beantwortet zu werden. Längst ist man – wie bei der Untersuchung der acht Mumien von Qilakitsoq – zur interdisziplinären Forschung übergegangen. Wissenschaftler aus

unterschiedlichen Fachdisziplinen bis hin zu Isotopenphysikern versuchen, jeder aus seinem Bereich, mit einem kleinen Puzzlestein zu einem Gesamtbild der Lebensweise des arktischen Urvolkes beizutragen. Ein wesentlicher Teil der geduldigen Detektivarbeit vollzieht sich längst in den Labors unter Einsatz von Hochtechnologie.

Eines steht fest: Der Lebensraum der Eskimos an der »äußersten Grenze menschlicher Existenz«, wie es der große Polarforscher Knud Rasmussen formuliert hat, erforderte besonders robuste, ausdauernde, anpassungsfähige und erfindungsreiche Menschen. Die mußten sich immer wieder auf folgenschwere Veränderungen ihrer erbarmungslosen Umwelt einstellen. Dabei haben zwei Faktoren das tägliche Leben des einzelnen ebenso bestimmt wie die jahrtausendealte Geschichte des Polarvolkes: der harte Kampf gegen den Hunger und der Schutz vor der brutalen Kälte. Die Eskimos meisterten diesen permanenten Existenzkampf mit einer eigenwilligen, flexiblen, hochentwickelten »Kultur des Überlebens«. Sie nutzten ihre spärlichen Ressourcen bis zur allerletzten Neige – nichts durfte umkommen. Sie konstruierten raffinierte Jagdwaffen und entwickelten Transportmittel von höchster technischer Perfektion.

Für ihre Winterbehausungen nutzten sie das überall reichlich vorhandene Baumaterial Schnee, auch wegen dessen thermophysikalischer Eigenschaften. Ihre Kleidung zeigt sich als ein Paradebeispiel für genial angewandte Isoliertechnik. Die Anpassung an die eisige Umwelt ging bis zur physiologischen Adaption: Die strenge Auslese schuf einen Menschen, der dem fortwährenden Kampf ums Überleben körperlich wie geistig gewachsen war.

Eindeutige Belege für den Ursprung und die Wanderwege der arktischen Jäger gibt es bis heute nicht – man muß sich noch immer mit Hypothesen zufrieden geben. So hat man angenommen, daß die Eskimos von westeuropäischen Rentierjägern der ausgehenden Altsteinzeit abstammen. Diese Rentierjäger, so glaubte man, waren als Nomaden ihrem Beutewild – vor allem den Rentieren und Moschusochsen – gefolgt, als diese mit dem Abschmelzen der Eiszeitgletscher nordostwärts in Richtung Sibirien zogen. Andere Wissenschaftler verlegen die Urheimat der Eskimos nach Afrika oder nach Melanesien, wieder andere halten die Indianer in Alaska für die Urväter der Eskimos oder sehen in ihnen die Nachfahren eines nordsibirischen Jägervolkes.

Woher die Ur-Eskimos auch immer gekommen sein mögen, bevor sie den amerikanischen Kontinent durch die Hintertür Alaska betraten: Sie entwickelten im Beringiagebiet – an der heutigen Beringstraße – zunächst ihre perfekt angepaßte Technik für die Jagd auf Robben, Walrosse oder Wale, die man nur vom Eis oder Wasser aus an den Küsten des Nordpolarmeeres erbeuten konnte.

Der amerikanische Archäologe Louis Giddings legte 1948 am Kap Denbigh an der Beringstraße unter den Abfallhaufen neuzeitlicher Eskimos ein ganzes Warenlager von winzigen, kunstvoll geschlagenen und geschliffenen Werkzeugen und Jagdgeräten aus vulkanischem Obsidian, Jaspis und Chalzedon frei. Darunter waren Hunderte von länglichen, glasscharfen Messerchen (Mikroklingen), Kratzwerkzeuge, Grabstichel, Schaber und vor allem auch Harpunenspitzen für die Jagd auf Meeressäuger. Die Handwerker, die diese Kleingerätschaften hergestellt hatten, lebten vor 5000 Jahren. Damit war der älteste Beweis für die Anwesenheit von Menschen in der amerikanischen Arktis ans Tageslicht gekommen. Diese Menschen waren Ur-Eskimos mit einer eigenen materiellen Kultur gewesen. Giddings' Fund begründete den Oberbegriff Arktische Kleingeräte-Kultur für die Periode der prähistorischen Eskimos in der Neuen Welt.

Erst zu einem sehr späten Zeitpunkt in der Menschheitsgeschichte – vor rund 4700 Jahren – begannen diese Eskimos ihren großen Marsch über den amerikanischen Kontinent nordostwärts: von Alaska über das nördliche Kanada bis auf die Eisinsel Grönland. Dort setzte der Nordatlantik dann die endgültige Ostgrenze für die eskimoische Expansion.

Dieser Vorstoß der Paläo-Eskimos in die menschenleere Polarwelt erfolgte – wie man erst aufgrund der neuesten Fundstückdatierungen nach der Radiokarbon-Methode weiß – in einem geradezu verblüffenden Tempo. Bereits wenige Generationen nach dem Aufbruch an der Beringstraße kamen die ersten Pioniergruppen an die Ufer der Naresstraße. Sie wurde das Eingangstor nach Grönland. Hinter den Eskimos lag eine Wanderung von gut 10 000 Kilometern durch Eis und Schnee. Das geschah 2500 Jahre vor Christi Geburt!

Auf diesem »Eilmarsch« durch die Arktis besiedelten sie den Nordsaum des amerikanischen Kontinents mit seinen Küsten. Aber auch im Binnenland, an den großen Flüssen, hat man die Reste ihrer Behausungen ausgegraben, allerdings nur bis hinab zur Baumgrenze. Denn dort begann das Jagdgebiet der Indianer.

Dieses Nachbarvolk hat den Eskimos zu deren weltweit gebrauchtem, wenig schmeichelhaftem Namen verholfen. Rothäute vom Stamm der Algonkin nannten sie verächtlich *esqumantjik* – Rohfleischfresser. Das nachbarliche Schmähwort wurde von französischen Jesuiten-Missionaren als esquimeau von Kanada mit nach Europa gebracht. Dort fand es dann als Eskimo Eingang in viele Sprachen der Welt. Die Eskimos selbst bezeichnen sich in ihrer eigenen Sprache, dem *Ipuk* oder *Inuktitut,* als *Inuit* (Singular: *Inuk*). Dieses Wort bedeutet Menschen. Man betrachtete sich selbst also im Gegensatz zu anderen Völkern, auch zu den Weißen, als die wirklichen Menschen. Mit dem neuen, volklichen Selbstbewußtsein unserer Tage und dem wachsenden Pan-Inuitismus verwenden die Eskimos heute oft demonstrativ ihren alten, eigenen Namen Inuit.

Bleibt zur Ehrenrettung der Inuit nachzutragen, daß diese gegartes Fleisch keinesfalls verschmähten. Roh aßen sie es nur unter besonderen Umständen – wie bei Brennstoffmangel auf Reisen – oder auch nur besondere Stücke wie Robbenleber. Das hatte dann durchaus auch diätetische Funktionen. Das Protein des rohes Fleisches regte die Verbrennung an und steigerte die Körpertemperatur. Und man glich so das natürliche Defizit an Vitamin A und D aus – wie man auch den mit Enzymen und Vitaminen angereicherten, durchsäuerten Mageninhalt von Meeressäugern verspeiste, um dem Skorbut zu entgehen.

Nur ganze 26 Kilometer trennen Nordkanada und Nordgrönland an der schmalsten Stelle der Naresstraße voneinander – ein erdgeschichtlicher Spalt nur, denn vor Jahrmillionen gehörten beide Gebiete zum selben Urkontinent. Über das Wintereis war die Wasserstraße leicht zu überqueren. Es war der Moschusochsenweg, auf dem die ersten Menschen – ihrer Jagdbeute folgend – auf die Eisinsel kamen. Dieser Weg führte von der

Resolute Bay am kanadischen Polararchipel über den nördlichsten Zipfel Kanadas und das Peary-Land, die Nordkappe Grönlands, an dessen Nordostküste hinunter bis zur Shannon-Insel auf der Höhe des 75. Breitengrades. Dieser allerersten Einwanderungswelle gab der dänische Archäologe Eigil Knuth den Namen Independence-I- Kultur. Dieses steinzeitliche Volk kam um das Jahr 2500 v. Chr. nach Grönland und blieb im allerhöchsten Norden der Insel. Bei 83°06′ nördlicher Breite hinterließ es die »nördlichsten« Ruinen auf dem gesamten Erdball – in einem Lebensraum, in dem während der vier Wintermonate permanente Dunkelheit herrscht, und Kälterekorde von über 40 Minusgraden keine Seltenheit sind.

Diese Prä-Fskimos hatten vor allem von Moschusochsen gelebt. Aber man jagte auch schon die Robbe. Dafür hatte eine zweite Einwanderungswelle bereits die Harpune entwickelt. Diese Waffe gehört zu den speziellen Erfindungen der Eskimos. Denn erst mit ihr konnte man die Meeressäuger im offenen Wasser oder auf dem Eis erlegen. Dank der Harpunenleine konnte die getroffene Beute nicht entkommen oder im offenen Wasser verlorengehen.

Vermutlich waren Klimaänderungen der Grund dafür, daß im Laufe von 4000 Jahren sechs in ihrer Kultur eigenständige Einwanderergruppen von Paläo-, Mezo- oder Neo-Eskimos über die Naresstraße nach Grönland kamen und wieder verschwanden. So reichte oft schon eine Erwärmung des Meereswassers um nur ein Grad Celsius aus, um die Robben zu vertreiben. Die Menschen mußten ihnen dann über Hunderte von Kilometern folgen, oder – was immer wieder geschah – die Einwohner ganzer Siedlungen starben den Hungertod.

Dieser alte Hundeschlittenführer ist ein typischer Grönländer, ein Inuit, der auch Europäer zu seinen Ahnen zählt.

Kurz nach den Independence-Leuten war das Saqqaq-Volk über die südliche Naresstraße von Kanada her eingewandert. Im Gegensatz zu ihren nach Norden orientierten Vettern in Peary-Land zog es sie nach Süden – fast 2000 km an der Westküste entlang bis in die Gegend von Kap Farvel. Im Schärengarten der südlichen Diskobucht, bei Qeqertasussuk, hatten der Permafrost und eine dicke Torfschicht einen ihrer Wohnplätze in einem Erhaltungszustand konserviert, wie man ihn bis dahin noch nicht gesehen hatte. Die Gründer dieser kleinen Siedlung waren bereits um 2400 v. Chr. an die Diskobucht gekommen. Ihre Nachfahren blieben ein ganzes Jahrtausend dort, bis 1400 v. Chr., wie die Datierungen nach der Radiokarbon-Methode ergaben. Gemeinsam machten sich Archäologen und Eskimologen, Klimatologen und Pollenbotaniker, Paläontologen und Geologen 1984 an die Ausgrabungsarbeiten – selbst Insektenforscher waren bei der konzertierte Aktion dabei. Immerhin handelte es sich um einen der ältesten auf Grönland entdeckten Wohnplätze.

Der Dauerfrost im Boden, der das gesamte organische Material so hervorragend über die Jahrtausende konserviert hatte, machte den Archäologen beim Graben schwer zu schaffen. »Der Boden ist hart wie Beton, so daß wir mit dem klassischen Spaten an einem ganzen Tag kaum mehr als zwei bis drei Zentimeter schaffen, bei kräftigem Sonnenschein auch mal fünf. Bei spannenden Fundstücken mußten wir auf die Bergung oft Tage warten«, erzählte mir der Kopenhagener Archäologe Jeppe Møhl. Auf der Suche nach Abhilfe war ihm eine elektrisierende Idee gekommen, als er seine Frau daheim Tiefkühlkost im Mikrowellen-Herd auftauen sah. Bei einem Spezialisten für Mikrowellen-Technik in Reichelsheim im Odenwald ließ er sich das wohl ungewöhnlichste Werkzeug für einen Archäologen konstruieren: eine »Mikrowellen-Kanone«, die ihre wärmenden elektromagnetischen Wellen in den Erdboden schießt. Die ersten Versuche in Qeqertasussuk im Sommer 1990 übertrafen alle hochgesteckten Erwartungen. Das Wundergerät aus dem Odenwald brauchte für das Auftauen einer zehn Zentimeter dicken Erdschicht ganze 20 Minuten. Das schonende Entfrosten begünstigte außerdem die Erhaltung des organischen Fundmaterials – zur Freude der Konservatoren.

Die Mitarbeit der Naturwissenschaftler bei der Spurensuche in Qeqertasussuk – die z. B. aus Pflanzenpollen oder aus den viertausendjährigen Resten von tiefgefrosteten Käfern, Spinnen oder Milben ein Klimabild der Siedlungszeit rekonstruierten – brachte viele neue Erkenntnisse über die Lebensumstände der Steinzeiteskimos. So hat die zahnärztliche Hochschule in Kopenhagen in ihren Labors nachweisen können, daß die Siedlung ein ganzjährig benutzter Wohnplatz war. Denn an der jahreszeitlich unterschiedlichen Ausbildung der Dentinschichten auf den Zähnen von Beutetieren konnte man unter dem Elektronenmikroskop exakt ablesen, daß diese sommers wie winters erlegt worden waren.

Insgesamt flog man über 100 000 Knochen aus dem Küchenabfall nach Kopenhagen – zur Untersuchung im Zoologischen Museum. Sattelrobben, die auf ihren jährlichen Wanderzügen im Frühsommer und im Herbst in der Diskobucht halt machten, und Ringelrobben, die vom Wintereis aus gejagt wurden, bildeten die Hauptnahrung. Rentiere, Moschusochsen und Wale ergänzten das Nahrungsangebot – letztere lieferten mit ihren Knochen, Zähnen und Barten auch begehrtes Material zur Herstellung von Waffen und Gerät. Fische, vor allem Riesenkabeljaus bis zu 1,20 Meter Länge, standen ebenso auf dem Speiseplan wie Vögel, wobei man selbst das Mark aus deren Röhrenknochen zu schätzen wußte. Auch das Hirn von Polarfüchsen galt offenbar bei den Steinzeitjägern als Delikatesse, wie man aus den säuberlich gespaltenen Fuchsschädeln im Küchenmüll schloß. Deren restliches Skelett fand man stets in seiner anatomisch korrekten Ordnung, was darauf hindeutet, daß man Füchse nicht ihres Fleisches sondern nur des Fells wegen jagte. Nach den Zahnanalysen tat man das vorwiegend von Oktober bis März: Man sah auf Qualität und gab dem dichten Winterfell den Vorzug.

Für die Jagd hatte man ein ganzes Arsenal besonders präzise gearbeiteter und technisch hochentwickelter Waffen geschaffen – nach Konstruktionsprinzipien, die die Eskimos zum Teil noch über 4000 Jahre beibehielten. Das gilt vor allem für die Harpunen, deren technisch geschickt ausgeklügelte Köpfe sich in der Beute vom Schaft lösen und dann durch Widerhaken oder einen sinnreichen Kippmechanismus die Fangleine fest unter der Speckschicht verankern. Man nutzte bereits das physikalische Gesetz der Hebelwirkung und steigerte die Reichweite und die Durchschlagskraft der Harpune durch die Verlängerung des Armes mit einem Wurfbrett – wie es noch bis in unsere Tage verwendet wurde.

Nicht nur bei den Waffen – auch beim Hausgerät und den Werkzeugen verdient die Qualität der Verarbeitung ebenso Bewunderung wie die funktionelle und zugleich ausgesprochen elegante Formgebung. Bei den Messern steckten die exakt zugeschlagenen Klingen aus scharfkantigem Flint bereits in geschäfteten Griffen. Zur Freude der Archäologen hatten die Saqqaq-Leute nicht nur die fertigen Produke ihrer Handwerkskunst hinterlassen, sondern auch Werkstätten mit reichhaltigem Handwerkszeug. So konnte man erstmals die einzelnen Arbeitsschritte bei der Herstellung von Waffen und Geräten rekonstruieren.

Völlig neu muß man die »Seefahrtsgeschichte« der Eskimos schreiben. Denn – und das war eine besondere Sensation – man holte auch Bruchstücke von hölzernen Spanten eines offenbar kajakähnlichen Bootes sowie ein Paddel und Rahmenteile eines größeren Bootes aus dem Vorzeitmüll. Den Kajak hatte man bisher erst den Eskimos der Thule-Kultur zugeschrieben. Doch diese erschienen zwei, drei Jahrtausende nach dem Bootsbau von Qeqertasussuk auf der arktischen Bühne. Der Kajak gilt als die vollkommenste Erfindung der Polarmenschen – Fachleute halten es sogar für das beste Wasserfahrzeug der Menschheitsgeschichte. Seine geradezu geniale Konstruktion geht von dem Prinzip aus, daß Boot und Besitzer zu einer wasserdichten Einheit miteinander verwachsen – zu einem einzigen amphibischen Wesen. Um das zu erreichen, spannte man eingeweichte, enthaarte und mit Urin gegerbte Robbenfelle über ein kunstvolles Gerüst aus Treibholz, Wal- oder Robbenknochen. Nach dem Abdichten mit Tran und dem Trocknen umspannte es die Bootsrippen faltenfrei und wasserdicht. Der Besitzer zwängte sich durch den hüfteng für ihn maßgeschneiderten Einstieg und verschnürte dessen Spritzdecke fest mit seinem wasserdicht abschließenden Robbenhaut-Anorak. So gegen jedes Eindringen von Wasser geschützt, konnte sich der Eskimo vom Land aufs Meer wagen. Mit

Im Sommerjagdlager geht das Feuer unter der Pfanne mit dem Fleisch frischerlegter Robben den ganzen Tag nicht aus. Wer hungrig ist, fischt sich einen Brocken aus dem bruzzelnden Fett.

dem elastisch auf alle Bewegungen reagierenden Fahrzeug meisterte er geschickt die rauhe arktische See mit ihren oft sturmgepeitschten Brechern, die jedes andere Boot zertrümmert und versenkt hätten. Bei drohenden Sturzseen half ihm die legendäre Eskimorolle, das bewußt herbeigeführte Kentern und blitzschnelle Wiederaufrichten. Der Kajak ist durch seine Konstruktion besonders leicht – er wiegt nur wenige Kilo und kann auf dem Kopf weite Strecken über Land getragen werden – und er ist besonders wendig, was Voraussetzung für Fahrten durch eisführendes Wasser ist. Ein geübter Kajakfahrer kann mit diesem Boot bis zu 250 Kilometer am Tag zurücklegen! Mit seiner schnittigen Form und der besonderen Doppelpaddeltechnik läßt er ein fast lautloses Manövrieren zu, was den Kajak für drei Jahrtausende zu einem unentbehrlichen Jagdgerät gemacht hat. Mit der Erfindung des Kajaks eroberte sich das Volk der Eskimos das Meer als neue Dimension ihres arktischen Lebensraumes. Aber es war nicht nur das superleichte Einmann-Boot, das den Eskimos zu ihrem amphibischen Jägerdasein verhalf. Die Entdeckung der größeren Spantenteile in Qeqertasussuk ließ die Archäologen an einen sehr frühen Vorgänger des Umiak, des Frauenbootes, denken. Auch dieses etwa zehn Meter lange, trogförmige »Großraumboot« aus Walroßhaut, das von einem Dutzend Ruderern vorangetrieben wurde, war anfangs vor allem ein Jagdgerät. Mit ihm konnte man dem größten Fleisch- und Fettlieferanten der Arktis nachstellen, dem Wal. Denn dieses mächtige Tier, das die Eskimos auch als ein mythisches Wesen verehrten, konnte man nur in organisierten Jagdgemeinschaften auf See erlegen, wo viele Hände gleichzeitig zupackten. Dafür eignete sich der Umiak, der bei der Jagd von Männern gerudert wurde – die Frauen mußten an die Riemen, wenn er bei Seereisen als Transportmittel benutzt wurde. In dem offenen Boot fand die gesamte bewegliche Habe von mehreren Familien Platz.

Die Leute von Qeqertasussuk lebten in ovalen, mit Robbenfellen gedeckten Zelthäusern mit einer zentralen Feuerstelle, die nur für bescheidene Wärme sorgen konnte. In dem Feuer wurden Kochsteine vorgeglüht, die man beim Zubereiten von Speisen in die Kochgefäße legte. Das Schneehaus aus tiefgefrorenen »Fertigbauteilen«, der legendäre Iglu, war bei den Saqqaq-Leuten noch nicht bekannt. Dieser Iluqiq – so die korrekte Bezeichnung – war eine der genialen, dem Lebensraum perfekt angepaßten Erfindungen von Eskimos der Dorset-Kultur.

Diese zogen sich winters unter meterdikke Schneekuppeln zurück – selbst die härteste Polarkälte konnte ihnen dann nichts anhaben. Einer der arktischen Baumeister ließ dabei vor 3000 Jahren sein Werkzeug zurück: ein armlanges Schneemesser aus Rentiergeweih. Mehr an Gerät erforderten Architektur und Bauausführung nicht. Man stellte sich in den Schnee, zog nach dem gewünschten Innenmaß seines neuen Eigenheimes einen Kreis um sich und schnitt vom Zentrum aus große Blöcke von einem halben Zentner Gewicht aus dem Schneeboden. Diese Blökke schichtete man mit leichter Innenneigung spiralenförmig um sich auf.

Dabei brauchte man fürs Baumaterial nicht einmal vor die Tür zu gehen – Bindemittel waren auch nicht nötig, weil die Blockelemente selbstklebend waren. In zwei Tagen hatte der Eskimo ein 15-Quadratmeter-Haus fix und fertig, einschließlich der Einbaumöbel – eines Schlafpodestes aus festgestampftem Schnee – und des Verschweißens der Innenwände durch eine Eisschicht. Man grub den Eingang – die Gesetze der Kältetechnik achtend – unter Fußbodenniveau, womit man Wärmeverluste bei »offener Tür« vermied. Tranlampen und die abstrahlende Körperwärme konnten die Raumtemperatur bis auf zehn Grad Celsius aufheizen, was die kältegewohnten Bewohner bei Außentemperaturen von über 30 Minusgraden schon als fast tropisch empfanden. Sie zogen es oft vor, nackt in ihren Häusern aus Schnee und Eis herumzulaufen.

Ziemlich enttäuscht waren die Ausgräber von Qeqertasussuk über das Fehlen von Textilien im Müll – man fand neben einigen mit Nähten versehenen Fellstücken nur einen mehrfach reparierten Innenstrumpf für die *kamikken* (Fellstiefel). Noch mehr bedauerte man das Fehlen aller irdischen Reste der Menschen von Qeqertasussuk – bis auf vier ausgegrabene Knochen entdeckte man nichts. Wo die Toten aus 1000 Jahren Besiedlung blieben, ist noch immer ein Geheimnis, das die Arktis bisher nicht preisgegeben hat. Bei aller Ehrfurcht vor der letzten Ruhe eines Menschen hätte man gern auch diesen letzten Zipfel noch gelüftet. Denn auch Tote können über ihre Zeit und ihre Zeitgenossen reden, wenn sie nur richtig von einem Tribunal kompetenter Fachleute befragt werden. Die zu Beginn des Kapitels erwähnten Mumien von Qilakitsoq sind dafür das beste Beispiel.

Die acht Mumien, auf deren Fingerabdrücke Kriminalinspektor H. P. Andersson 1978 so gespannt gewartet hatte, gehörten zum neuzeitlichen Kulturkreis der Thule-Eskimos. Dieses energische und gut gerüstete Walfängervolk war nach den Dorset-Inuit – um 1000 n. Chr. – über die Naresstraße nach Grönland gekommen. Sein wichtigstes Jagdwild waren die riesigen Grönlandwale mit ihren 80 bis 100 Tonnen Gewicht. Umiak und Kajak gehörten daher mit zum täglichen Leben. Man kannte auch das Schneehaus, das in Grönland allerdings nie als winterliche Dauerwohnung verwendet wurde wie im zentralen Kanada sondern als schnell errichtete Reiseunterkunft bei langen Schlittenfahrten.

Daß man seit Mitte der achtziger Jahre auch über den Alltag des Thule-Volkes besonders gut informiert ist, verdankt man den erwähnten Mumien. Grönländische Schneehuhnjäger hatten sie im Oktober 1972 unter einem auskragenden Felsen der Küstenberge am Uummannaqfjord entdeckt. Die sechs Frauen (zwischen 18 und 50 Jahren) und die beiden Kinder (sechs Monate und vier Jahre) waren vor ungefähr 500 Jahren gestorben, wie die Laboruntersuchungen in Kopenhagen ergaben.

Für die Eskimoforscher war es ein einmaliger Glücksfall, daß die Thule-Inuit die Reise in das Totenreich für besonders lang und be-

Das Sommerzelt aus Robbenfellen gehört der Vergangenheit an. Heute übernachten die Grönländer auf der Jagd in Zelten aus Kunstfaser.

sonders kalt hielten. Die Mumien waren daher nicht nur vollständig bekleidet, sondern man hatte ihnen auch noch zusätzliche Pelze mit auf den eisigen Weg gegeben – insgesamt waren es zwei Dutzend, aus Robbenfellen, Vogelbälgen und Rentierdecken, dazu reichlich Strümpfe und *kamikken.* Sämtliche Kleidungsstücke hatten die 500 Jahre überraschend gut überstanden. Die natürliche Gefriertrocknung im trocken-kalten Klima des Uummannaqfjordes hatte sie ebenso dauerhaft konserviert, wie die acht Leichname unbeabsichtigt mumifiziert worden waren. Die vielfältige und gut erhaltene Garderobe für die Reise in das Totenreich machte es den Wissenschaftlern möglich, die wichtigste Waffe der Eskimos in ihrem ständigen Kampf gegen die Kälte exakt zu rekonstruieren: ihre Kleidung. Dabei wurde man ein weiteres Mal von dem Erfindungsreichtum und der Perfektion überrascht, mit der sich die Polarjäger die Gesetze der Natur zunutze machten.

Die Experten in Kopenhagen waren sich nach gründlicher Untersuchung der Kleidung einig, daß die Thule-Eskimos eine viel gepriesene Erfindung heutiger Sportbekleidungshersteller schon vor mehr als einem

halben Jahrtausend vorweg genommen hatten: die physiologische Thermobekleidung. Ihr Prinzip ist es, gegen die Kälte von außen gut zu schützen und gleichzeitig durch natürliche Ventilation überflüssige Wärme abzuführen. Ein solche »atmende« Kleidung trugen die Mumien vom Uummannaqfjord. Man erreichte das durch eine geniale Kombination verschiedener Bekleidungsschichten und verschiedener Materialien, die man gezielt für bestimmte Funktionen einsetzte. Der Außenpelz hielt mit der Fellseite nach außen die Feuchtigkeit ab – die Luftschicht in seinem Haarkleid war zugleich eine erste Kälteisolierung. Dieser Anorak – das Wort kommt aus dem Eskimoischen – war im Gegensatz zur eng anliegenden europäischen Winterkleidung locker sitzend geschnitten und nach unten hin offen. In den Leerräumen zwischen dem Außen- und dem Innenpelz konnte sich Wärme sammeln und am Körper entlang nach oben steigen. Dort wurde sie durch den festen Verschluß am Hals und an den Ärmeln am Entweichen nach außen gehindert – jedenfalls solange, wie der Träger sich nicht kräftiger bewegte. Der besonders sorgfältig durchdachte Unterpelz war aus den Bälgen verschiedener Vogelar-

Bis zur Jahrhundertwende waren Torfsoden das wichtigste Baumaterial auf Grönland. Heute gibt es nur noch wenige Häuser, die aus diesem hervorragend isolierenden Naturprodukt gebaut sind.

Die Eskimorolle ist für die Kajakfahrer eine wichtige Technik, um nicht von Sturzseen und Flutwellen kenternder Eisberge erschlagen zu werden.

ten zusammengesetzt. Dabei wurde das unterschiedliche Isoliervermögen bestimmter Federarten gezielt für unterschiedliche Funktionen eingesetzt. Bälge mit dichten, kurzen Daunenfedern wurden als optimaler Kälteschutz dort verwendet, wo der Körper, wie in der empfindlichen Nierengegend, besonderer Wärme bedarf. Lange, offene Federn dagegen vernähte man an Stellen, wo Wärme ventiliert werden mußte – wie im Halsbereich und an den Ärmeln. Besonders in ihrer gesteuerten Ventilationstechnik, die auf den wechselnden Wärmebedarf bei wechselnden Tätigkeitsphasen abgestellt war, zeigte sich die besondere Genialität der arktischen Pelzschneider. Bei körperlich anstrengender Arbeit – zum Beispiel beim Transportieren der Jagdbeute im tiefen Schnee – mußte das Entstehen von Körperschweiß möglichst vermieden oder dieser mußte durch »Atmen« der Kleidung fortventiliert werden. Anderenfalls hätte der Eskimo bei einer Ruhephase riskiert, daß die extreme Kälte den Körper mit einer tödlichen Eisschicht überzogen hätte. Die gesteuerte Zirkulation erreichte man durch bestimmte Materialien – wie die großfedrigen Vogelbälge – die in Ruhephasen die Ausgänge für die

Der Umiak, das Frauenboot, wurde auf längeren Reisen als Transportboot von den Frauen gerudert. Wurde es bei der gemeinsamen Jagd auf Wale eingesetzt, ruderten die Männer.

erwärmte Luft verschlossen hielten, sie aber bei jeder kräftigen Bewegung wie ein Ventil öffneten.

So geben die toten Frauen vom Uummannaqfjord gleichsam Auskunft über die sorgfältige Herstellung ihrer frühzeitlichen Thermokleidung. Bei den Älteren waren die linken Daumennägel durch zahlreiche Querrinnen völlig zerschnitten – sie hatten als Unterlage bei der Fellbearbeitung mit dem *ulo,* dem halbmondförmigen Frauenmesser, gedient. Außerdem zeigten alle Fingernägel deutliche Spuren von alkalischer Auflösung. Diese war die Folge des häufigen Waschens der zu gerbenden Felle mit abgestandenem Urin – dessen Verwendung im übrigen ein Beispiel dafür ist, daß man bei der mit Rohstoff geizenden Umwelt buchstäblich auch das Letzte noch verwendete. Um die Felle zusammennähen zu können, mußten sie an den Nahtstellen von den Frauen immer wieder weichgekaut werden – die Zähne der Mumien sind davon bei den älteren Frauen bis auf kurze Stümpfe abgeschliffen. Genäht wurde die Kleidung mit gespaltenen und sorgsam gedrillten Sehnen der Beutetiere, die man zum Weichmachen wiederholt durch die zusammengebissenen

Schneidezähne zog. Wie intensiv man diese Arbeit betrieben hat, zeigten die tief eingeschliffenen Querrillen in den Zähnen der älteren Frauen. Nur am Rande sei vermerkt, daß die Zahnärzte bei ihren gründlichen Untersuchungen der Gebisse der Mumien nicht die geringste Spur von Karies entdeckten.

Die Pelze der Mumien schützten nicht nur perfekt vor Kälte. Sie begeisterten die Fachwelt auch durch die besondere Ästhetik in ihrem Schnitt und in der harmonischen Zuordnung verschiedenfarbiger Pelzteile sowie durch die Qualität der Verarbeitung. Rolf Gilberg, einer der erfahrensten Eskimo-Ethnographen des Dänischen Nationalmuseums, sieht selbst in der modischen Gestaltung der Pelze vom Uummannaqfjord noch eine bestimmte soziologische Funktion, neben dem reinen Bedürfnis nach Schmuck: »Eine Frau, die ihre Meisterschaft bei der Herstellung der lebenswichtigen Kleidung bewies, erhöhte ihren Heiratswert, weil ihr künftiger Mann damit rechnen konnte, daß er stets durch die besten Pelze die erbarmungslose Kälte bei der Jagd überstehen würde. Und die Frau, die sich so den besten Jäger sicherte, konnte immer mit genügend Nahrung und Kleidung für die eigene Familie rechnen.«

Eine der wichtigsten Fragen bei der Untersuchung der Mumien war die nach deren Todesursache: Warum lagen sie gemeinsam in zwei benachbarten Gemeinschaftsgräbern? Da es ausschließlich Frauen waren, hätten sie ein Opfer eines Unglückes mit dem Umiak, dem Frauenboot, sein können. Doch dafür fehlten alle entsprechenden Spuren. Hatte eine der immer wieder auftretenden Hungerkatastrophen die Frauen und Kinder dahingerafft? Hatte man das vierjährige Kind, das offensichtlich an der Downschen Krankheit gelitten hatte, als unnützen Esser absichtlich getötet? Oder hatte man es durch Aussetzen sterben lassen, weil die Mutter gestorben war, und der Vater sich nicht mehr um die Halbwaise kümmerte? Es gehörte mit zu den brutalen Konsequenzen, zu denen man immer wieder griff, wenn Hungerkatastrophen den Fortbestand der Gruppe bedrohten, daß man Kleinkinder tötete, und die Alten sich durch Freitod opferten. Im äußersten Notfall war sogar die Anthropophagie erlaubt – man verzehrte selbst die Leichname der eigenen Eltern und Kinder.

Zwischen driftenden Eisbergen dümpelt ein kleines Fischerboot. Ständig laufen die Fischer Gefahr, mit dem Eis zu kollidieren oder in die Sturzseen kenternder Eisberge zu geraten.

Den angenommenen Hungertod schlossen die Wissenschaftler nach genauerer Untersuchung aus – sie fanden in den Verdauungsorganen noch reichlich Speisereste. Keine der Verstorbenen zeigte Anzeichen von Tuberkulose, die noch vor einem halben Jahrhundert die Haupttodesursache in Grönland war. Eine der Frauen hatte an Nasenhöhlenkrebs gelitten, eine andere hatte trotz eines Schulterblattbruchs mit heftigen Schmerzen noch ein paar Jahre weiterarbeiten müssen. Todesursachen waren das ebensowenig wie die Rußlunge einer der Mumien. Diese war offenbar auf die Bedienung der blakenden Tranlampen zurückzuführen, mit denen die Thule-Eskimos ihre Behausungen erleuchteten und heizten, und die ebenfalls eine der Erfindungen der Menschen der Arktis war.

Eine eindeutige Todesursache konnten die Wissenschaftler in Kopenhagen nicht feststellen. Bleibt noch nachzutragen, daß Kriminalinspektor H. P. Andersson ohne Schwierigkeiten nachweisen konnte, daß die Fingerabdrücke der Mumien von denen heutiger Grönländer nicht abweichen. Die Thule-Eskimos waren deren direkte Vorfahren.

ERIK DER ROTE LOCKTE MIT DEM GRÜNEN LAND

Vor tausend Jahren kamen die ersten Europäer als Siedler auf die Insel. Vor 500 Jahren verschwanden sie spurlos

Nur wenige Kilometer von den grünen Wiesen Brattahlids entfernt liegt das Urstromtal eines Gletschers bei Narsarsuaq.

vorhergehende Doppelseite: Erik der Rote hatte seinen Landsleuten nicht zuviel versprochen, als er ihnen saftige Weiden für ihr Vieh in der neuen Heimat, die er »Grünland« nannte, in Aussicht stellte. Hier inmitten der größten Weideflächen baute er seinen herrschaftlichen Hof Brattahlid.

Selbst gekrönte Häupter stehen auf Grönland den Naturgewalten machtlos gegenüber. So hätte die dänische Königin Margrethe II. im Sommer 1982 fast darauf verzichten müssen, ihre an den Eriksfjord geladenen Staatsgäste protokollgerecht auf der königlichen Yacht zu empfangen – unter ihnen König Olaf V. von Norwegen und Islands Präsidentin Vigdis Finnbogadóttir. Denn die »Dannebrog« hatte vor den mächtigen Eisbarrieren am Fjordeingang kapitulieren müssen. Marinefahrzeuge mußten das ziemlich lädierte Schiff Ihrer Majestät zum Ort der Festlichkeiten schleppen.

Man feierte – zu Füßen des Ewigen Eises – den Wikinger Erik den Roten, der genau 1000 Jahre zuvor die Besiedlung Grönlands durch Europäer eingeleitet hatte. Der Rotschopf war 982 aus Island gekommen – nicht ganz freiwillig, wie die Präsidentin einräumen mußte. Denn in Island hatte man den jähzornigen Großbauern wegen mehrfachen Totschlags für drei Jahre geächtet. Erik nutzte diese Zeit zur gründlichen Erkundung Südgrönlands. Dann holte er 985 – wie man aus dem *Íslendingabók* (Isländerbuch) weiß – einen ganzen Troß von Landsleuten nach: 14 Schiffe, vollgepackt mit Kühen, Schafen, Ziegen, Pferden und Schweinen, mit Werkzeug und Gerät, mit Kind und Kegel. Als erster Mensch der Alten Welt ließ er sich auf der westlichen Halbkugel nieder.

Beim Festgottesdienst in der Ruine der Wikinger-Kirche in Hvalsø wurde nach über 500 Jahren zum ersten Mal wieder eine Predigt gehalten – vom grönländischen Regierungschef Jonathan Motzfeldt, einem gelernten Theologen. Sein Predigttext aus dem Zweiten Petrusbrief: »Ein Tag vor dem Herrn ist wie tausend Jahre, und tausend Jahre sind wie ein Tag.« Die Ehrenstühle für die dänische Königsfamilie blieben leer – ihr Helikopter durfte nicht starten. Das Wetter hatte respektlos das Hofprotokoll durchkreuzt.

Die Präsidentin hatte als Gastgeschenk eine Prachtkopie des *Landnámabók* (Landnahmebuch) dabei. Dieser »Stammbaum« der isländischen Nation berichtet auch von Eriks Übersiedlung – ebenso wie das *Íslendingabók* und die *Eiríks Saga Rauda* (Die Geschichte von Erich dem Roten). Auch die *Historia Norwegiae* aus dem 13. Jahrhundert weiß von dem roten Erik. Doch läßt deren Autor sich häufig von seiner Phantasie überwältigen, so, wenn er von Jungfrauen berichtet, die durch das bloße Trinken von Wasser geschwängert würden. Selbst dem Historienschreiber Bischof Adalbert von Hamburg-Bremen hat um 1050 beim Thema Grönland die Fabulierkunst den Gänsekiel geführt: »Die Menschen dort werden bleichgrün von dem salzigen Meer, wovon das Land seinen Namen hat.«

Doch dieser Name ist ein frühes Zeugnis für erfolgreiches Marketing. Denn die Bezeichnung »grünes Land« war ein geschickter Werbeslogan Eriks bei seiner Agitation für den Zug in die Neue Welt. »Er nannte dieses Land Grünland, weil er sich sagte, ein so schöner Name werde die Menschen schon verlocken, sich dort niederzulassen«, vermerkte Ari der Gelehrte um 1120 in seinem berühmten *Íslendingabók.* In dem vermeintlich menschenleeren Land hatte Erik Reste von Wohnstätten, Fellbooten und Steingeräten vorgefunden, von einem »ähnlichen Volk wie die Skrälinger in Vinland« (dem späteren Amerika), wie der Gelehrte meinte. Die moderne Archäologie hat Aris Vermutung bestätigt: Die ersten Menschen – Inuit – waren schon 3000 Jahre vor Eriks Europäern bis zur Südspitze der Insel vorgedrungen.

Selbst für die sturmerprobten Wikinger mit ihren hochseetüchtigen Schiffen, den Knarrs, muß die Übersiedlung ein gefahrvolles Unternehmen gewesen sein. Immerhin mußte man eine Strecke von gut 1500 Kilometern über See zurücklegen – zunächst auf der kürzesten Route zur Ostküste Grönlands, die sich schon damals besonders abweisend und menschenfeindlich gezeigt haben muß, und dann am Packeisrand entlang südwärts bis zum Eriksfjord. Über den Ausgang dieser bis dahin größten geschlossenen Übersiedlungsaktion verliert das *Landnámabók* ganze zwei Sätze: »Männer erzählen, daß in dem Sommer 25 Boote nach Grönland fuhren, und 14 kamen dort an. Einige trieben zurück, andere gingen verloren.« Wie viele Menschen ihr Grönland-Vorhaben mit dem Leben bezahlen mußten, ist in der sonst so peniblen Buchführung der Isländer nicht vermerkt.

Der Eriksfjord schneidet von der Westküste her tief in das von Meeresarmen und Gletscherflüssen zerrissene Land, das Erik vor der Kolonisierung intensiv nach landwirtschaftlich nutzbaren Flächen abgesucht hatte. Er wollte ausreichende Futtervorräte für die Viehhaltung gesichert sehen. Erik hatte seine Landsleute mit seiner Grünland-Agitation also nicht ins Ungewisse geführt. Die größten und fruchtbarsten Nutzflächen behielt der Rote für sich. Dort baute er seinen herrschaftlichen Hof Brattahlid, der sicher zu den größten Anwesen im ganzen Norden gehörte.

Wie viele Menschen gemeinsam mit Erik in die Neue Welt zogen, ist ebenfalls nicht überliefert. Man hat ihre Zahl jedoch auf 300 bis 500 hochgerechnet. Ihre Nachrichten in die alte Heimat müssen sehr verlockend geklungen haben, denn das nutzbare Land füllte sich schnell mit weiteren Auswanderern von der Nachbarinsel.

Über die Hintergründe der Massenauswanderung schweigen die in Familienangelegenheiten so auskunftsfreudigen Sagas. Denn nicht immer können Nachbarschaftsstreit, Blutrache, Mord und Totschlag zur Emigration geführt haben – »crime and blood« müssen schon zu Zeiten der Saga-Autoren begehrter Lesestoff gewesen sein. Eher deuten alle Informationen darauf hin, daß auf Island die Weideflächen knapp wurden. Dabei waren gerade erst hundert Jahre vergangen, seit sich mit Ingolf Arnarson aus Norwegen der erste Mensch auf der Vulkaninsel niedergelassen hatte. Ihm war ein ganzes Heer von Auswanderern gefolgt: politische Flüchtlinge, Landhungrige, tatendurstige Pioniere, Abenteurer. Nach drei Generationen war Island bereits »ausverkauft«. Erik kam da mit seiner Gründland-Offerte gerade recht.

Mit politischem Gespür leitet er mit seiner organisierten Auswanderung die Woge der nordischen Kolonisation weiter nach Westen. Darin liegt sein Verdienst, das ihm seinen Platz in den Geschichtsbüchern eingetragen hat. Doch der Entdecker Grönlands war er nicht – schon hundert Jahre zuvor war sein Landsmann Gunnbjörn von einem Sturm bis vor die Ostküste Grönlands verschlagen worden. Erik wertete Gunnbjörns Entdeckung planmäßig aus – über Mangel an Zuspruch brauchte er nicht zu klagen.

Insgesamt sind auf Grönland mittlerweile die Reste von 500 Höfen, Kirchen und Klöstern der Nordleute registriert worden. Sie verteilen sich auf zwei große Siedlungsgebiete, die 600 bis 700 Kilometer auseinander liegen: die Østerbygd (Ostsiedlung) im Süden, im Gebiet von Qaqortoq (Julianehåb) und die Vesterbygd (Westsiedlung) im Distrikt der jetzigen Hauptstadt Nuuk (Godthåb). In der Blütezeit müssen hier zusammen um die 5000 Menschen gelebt haben. Bereits um die Jahrtausendwende scheint die Besiedlung abgeschlossen gewesen zu sein. Die Grenzen für die Zuwanderung hatten dabei die natürlichen Ressourcen gesetzt, vor allem beim Futter für die beachtlichen Viehbestände. Auf über 4000 Rinder schätzt der dänische Experte Knud J. Krogh den Bestand allein in der Østerbygd. Hinzu kommen mehrere tausend Schafe und Ziegen. Damit war die Produktionskapazität an agrarisch nutzbarer Biomasse voll ausgeschöpft, haben Agrarexperten, Botaniker und Klimatologen mit vergleichenden Feldversuchen und Großrechner-Modellen nachgewiesen.

Erik selbst, der wohl noch im alten Glauben an Donnergott Thor gestorben ist, hat – unfreiwillig zwar und grollend – die Einführung des Christentums auf Grönland mitbewirkt. Denn von seinem Hof breitet sich die neue Lehre aus – dafür sorgten seine Frau Tjodhild und sein Sohn Leif, der Amerika-Fahrer. Leif hatte das Christentum um das Jahr 1000 von einem Besuch am Hofe König Olaf Tryggvasons von Norwegen heimgebracht. »Der König hatte es leicht, Leif zu überreden, und er wurde getauft mit all seinem Schiffsvolk«, berichtet die Saga. Olaf beauftragte Eriks Sohn mit der Bekehrung in Grönland und gab ihm dafür einen Missionar an die Hand. Die Heimreise von Norwegen machte Geschichte: Durch widrige Winde gezwungen, landete Leif westlich von Grönland an der Küste »Vinlands«. Das trug ihm den Ruhm ein, als erster Europäer den amerikanischen Kontinent betreten zu haben – noch 500 Jahre vor Kolumbus.

Nur wenig ist noch von den Grundmauern der ersten Kirche auf Grönland zu erkennen, die Tjodhild, die Frau Eriks des Roten, erbauen ließ.

Leifs Mutter Tjodhild nahm den neuen Glauben sofort an. Sie ließ die erste Kirche Grönlands aus Torfsoden aufschichten – etwas vom übrigen Anwesen entfernt. Denn Erik sträubte sich widerborstig gegen alle Bekehrungsversuche, berichtet die Saga: »Tjodhild wollte mit ihrem Mann Erik nicht mehr wie Mann und Frau zusammenleben, nachdem sie den Glauben gewechselt hatte, was Erik sehr erboste.« Man lebte also fortan getrennt von Tisch und Bett, wenn man der Überlieferung glauben darf.

Spätestens hier, bei der Legende von der Verweigerung der ehelichen Pflichten, muß kritisch gefragt werden, wie weit man die Sagas und Chroniken als historische Quellen heranziehen kann. Die Historiker betrachten deren anscheinend so präzise Informationen mit wachsender Skepsis. Immerhin wurden die Texte erst zwei Jahrhunderte nach den Ereignissen niedergeschrieben. Bis dahin waren sie von Skalden nur mündlich weitergegeben worden. Diese fahrenden Sänger hatten sicher nicht darauf verzichtet, die Ereignisse publikumswirksam auszu-

Die riesigen Felsquader sind Überreste des mächtigen St.-Nikolaus-Domes. Hier in Gardar, dem heutigen Igaliku, richtete der Priester Arnald seinen Bischofssitz ein.

schmücken und zu dramatisieren. Denn die Sagas waren zunächst nichts anderes als mündliche Unterhaltungsliteratur.

Besonders kritisch nimmt man heute die Berichte unter die Lupe, in denen Loblieder auf berühmte Personen mit einer schon alttestamentarisch anmutenden Auflistung aller Vorfahren gesungen werden: Es könnte sich da um eine Auftragsproduktion zum Geschlechterruhm des Bestellers handeln. Denn die nordischen Bauernhäuptlinge – so ein dänischer Literaturwissenschaftler – seien mindestens ebenso sippenstolz gewesen, wie es später der deutsche Adel war.

Quellenkritische Historiker halten es für durchaus möglich, daß die Kolonisation gar nicht die Einzelleistung Eriks war, sondern daß durchaus schon vor ihm Europäer auf Grönland waren – wenn wohl auch nicht ganz so früh, wie es eine Grönland-Beschreibung von 1697 unter Berufung auf eine päpstliche Bulle wissen will. Danach soll Papst Gregor den Hamburger Bischof Ansgar schon 835 zur »Fortpflanzung des Glaubens in alle nordischen Länder, absonderlich in Island und Grönland« aufgefordert haben. Hat man also die 1000 Jahre am Eriksfjord 147 Jahre zu spät gefeiert?

Erhalten geblieben sind Teile des Portals von St.-Nikolaus, jenes mächtigen Domes der »Diözese im Eis«.

Für Historiker ist heute der Spaten der Archäologen glaubwürdiger als der Federkiel der alten Scribenten. Man setzt eher auf Pollendiagramme und Eiskernanalysen, auf Halbzeitwerte von C-14-Kohlenstoff, auf Elektronenmikroskope, Isotopenlaboratorien, Gaschromatographen und Großrechner. Die Forschung der Vergangenheit ist längst zu einer Gemeinschaftsarbeit von Wissenschaftlern aus gut zwei Dutzend Fachbereichen geworden. Aus deren interdisziplinären Arbeitsergebnissen suchen sich die Historiker ihr Puzzle vom Alltagsleben der vergangenen Epoche zusammen. Ob da nun der rote Erik wirklich der erste war, oder vor ihm andere ihren Hof am Rande des Ewigen Eises bauten, ist nur noch von nachgeordneter Bedeutung.

Auch ohne die Sagas weiß man heute, daß die Nordleute eine eigene grönländische Kultur entwickelten. Sie paßten sich mit speziellen Kulturtechniken den extremen Lebensbedingungen der neuen Umwelt an – mit eigener Hausbau-Technik, besonderen Werkzeugen und Geräten und mit eigenständigen Betriebsformen der Landwirtschaft. Sie ergänzten die agrarische Versorgung durch Jagd und Fischerei. In den 500

Jahren des ersten europäischen »Gastspiels« am Eisrand entstanden eigene Gesellschaftsstrukturen und eine eigene Kirche.

Wer heute mit dem Schiff an der südgrönländischen Westküste entlang fährt, wird eher an Robben oder Eisbären denken, als sich auf den vegetationslosen Felsbuckeln grasende Rinderherden vorzustellen. Deswegen hat die Historiker vor allem die Frage interessiert, wie die Isländer hier überwiegend von der Landwirtschaft leben konnten. Einen Teil dieser Frage hat man in amerikanischen und dänischen Isotopenlaboren beantwortet. Dort hat man aus Eiskernen, die man mit kilometertiefen Bohrungen aus dem Inlandeis geholt hat, einen Klimakalender bis weit zurück in die Frühzeit unseres Erdballs zusammengestellt.

Nach diesem »Kalender« kamen die Nordmänner in einer ausgesprochen milden Klimaperiode nach Grönland. Als sie 500 Jahre später spurlos verschwanden, war wieder eine kleine Eiszeit im Anmarsch. Mit Bedacht hatten sie sich an den Fjordufern tief im Binnenland niedergelassen. Dort sind die Sommertemperaturen mit neun bis zehn Grad Celsius im Schnitt um vier Grad höher als an der Küste. Außerdem beschert das stabile Festlandklima mehr Sonnenstunden in der Hauptwachstumsperiode. Das bedeutete mehr Gras für die Sommerweide und mehr Heu für die Stallperiode. Und vor allem darauf kam es den Neusiedlern an.

Pollendiagramme, die der Botaniker Bent Fredskild aus den mikroskopischen Pflanzenresten in den Ablagerungsschichten von Seen und Mooren im Siedlungsgebiet gefertigt hat, zeigen, daß die Vegetation bei der Ankunft der Siedler sehr üppig war – selbst Wälder mit ansehnlichen Birken und Weiden gab es. Mit der Besiedlung ändert sich das Vegetationsspektrum drastisch: Die Waldbäume verschwinden nahezu ganz, die Gräser nehmen zu – mikroskopische Asche taucht auf: Die Wikinger verheizen die Bäume und roden die Buschzonen, um zusätzlich Weideland zu schaffen. Aus Feldversuchen auf Grönland und Island kennt man heute den Futterbedarf pro Kuh und pro Schaf, und man weiß, welche Weidefläche je Tier vorhanden sein mußte. Man hat die unterschiedliche Qualität des Futters mit hochgerechnet und durch Infrarot- und Satellitenaufnahmen die Größe der vorhandenen Nutzfläche ermittelt. Dabei wurde deutlich, daß die Siedler mit einem besonderen Problem fertig werden mußten: mit einer extrem hohen Futterbevorratung. Denn wegen der sehr langen und sehr kalten Winter mußte man zumindest die Kühe zwei Drittel des Jahres im Stall halten.

Bei einem Bestand von 20 Rindern auf einem großen Hof brauchte man gut 120 Tonnen Heu für die Stallperiode – eine riesige Menge. Im Bischofssitz Gardar, wo um die 100 Kühe aufgestallt waren, mußte man also allein für das Rindvieh 600 Tonnen Heu einbringen und trocken lagern. Wie man diesen gewaltigen Vorrat auf den begrenzten Nutzflächen in der Nähe der Höfe produzieren konnte, hat der Wissenschaft als eine der Kernfragen zu den wirtschaftlichen Grundlagen der Besiedlung lange Kopfzerbrechen bereitet. Heute ist das Rätsel gelöst. Man hat Mitte der achtziger Jahre nachweisen können, daß die Nordleute bis hoch in die Berge hinein Almwirtschaft betrieben und dem Graswuchs kräftig durch Düngung mit Stallmist nachhalfen. Noch heute erkennt man deutlich die alten Hauswiesen: Die noch immer nicht ganz abgebauten Phosphate aus der Wikingerzeit lassen dort Gras, Kräu-

Deutlich lassen die Steine den Grundriß der Stallanlagen in Brattahlid erkennen, in denen Erik der Rote Pferde, Kühe, Schafe und Ziegen hielt.

Die Mauern dieses Hauses in Igaliku, dem ehemaligen Gardar, wurden aus den roten Sandsteinen des St.-Nikolaus-Domes gebaut.

ter und Blumen besonders üppig sprießen. Noch überraschender war die Entdeckung, daß man das Austrocknen des Bodens durch eine ausgeklügelte Bewässerungstechnik verhinderte – mit einem komplizierten System von Stauseen, Dämmen, Kanälen und Schleusen. Mit diesen Agrartechniken steigerte man, wie Feldversuche in den letzten Jahren nachgewiesen haben, die Grasproduktion auf mehr als das Doppelte.

Das aus Island mitgebrachte Vieh versorgte die Siedler mit den wichtigsten Nahrungsmitteln, mit Butter, Käse und mit Skyr, einem für die Isländer auch heute noch unentbehrlichem Wikinger-Yoghurt. Die Milchprodukte waren nicht nur reich an Fett, Proteinen und Kohlehydraten – sie waren auch ohne besondere Konservierung lange haltbar. Skyr wird in Island noch heute monatelang in großen Bottichen aufbewahrt. Einen davon haben die Archäologen in Grönland ausgegraben. Neben Sauermilchresten fanden sie darin die Skelette von gut 100 Mäusen. Diese historische Mausefalle verhalf den Zoologen zu dem Nachweis, daß die Auswandererschiffe als eine Art Arche Noah sogar Mäuse mit in die Neue Welt gebracht haben.

Natürlich mußte das Milchvieh auch als Fleischlieferant herhalten. Allerdings standen Rind, Schaf und Ziege nicht allzu häufig auf dem Speiseplan, wie die Knochenstatistik aus den hinterlassenen Küchenmüll zeigt. Noch seltener tauchen Knochen von Schweinen auf. Davon wird man auch nicht viele in Grönland gehalten haben, denn Schweine geben sich kaum mit Heu als Futter zufrieden. Agrarexperten vermuten, daß man ihnen getrockneten *angmassak* (Kapelan) in den Trog geschüttet hat – eine Miniatur-Lachsart, die man noch heute mit Eimern aus den Fjorden schöpfen kann. Das wäre ein früher Vorläufer des heutigen Kraftfutters auf Fischmehlbasis gewesen.

Jagd und Fischfang sorgten für die notwendige Ergänzung des Küchenzettels. Die auskunftsfreudigen Abfallhaufen berichten, daß man Rentier- und Robbenfleisch in großen Mengen vertilgt haben muß. Deswegen war es um so überraschender, daß die Nachfahren des roten Erik den Archäologen keine speziellen Jagdwaffen hinterlassen haben – wie z. B. die Harpunen der Inuit. Für die Rentierjagd löste sich das Rätsel, als man bei wissenschaftlicher Spurensuche im Bergland auffällige Steinsetzungen fand. Diese grenzten ein trichterförmiges Tal ab, das über einer hohen Felsklippe endete. In diesen Trichter – so rekonstruierte man den Zweck der Anlage – wurden die Rentierherden auf ihrer Herbstwanderung von Treibern abgedrängt. Dabei staffierte man die Steinsetzungen so aus, daß sie als Menschen-Attrappen die Tiere am Ausbrechen hinderten. In wilder Panik stürzten sich die Rentiere über den tiefen Klippenabbruch zu Tode. In

Felsspalten eingeklemmte Rentierläufe am Fuße solcher Fanggärten bestätigen diese kollektive Jagdmethode, die ähnlich auch von den Inuit betrieben wurde, wie man 1987 am Nuukfjord nachgewiesen hat. Auch Robben kann man nur in Gemeinschaft gejagt haben. Experten gehen davon aus, daß man damals die Tiere in den Fjorden von mehreren Booten aus mit Schleppnetzen gefangen hat.

Daß die Einwanderer sogar den Anbau von Getreide versucht haben, berichtet der im 13. Jahrhundert in Norwegen erschienene *Konungs Skuggsjá* (Königsspiegel). Dort ist von Männern die Rede, »welche als die vornehmsten und mächtigsten gelten, die des Versuchs wegen Getreide anbauen. Aber es ist doch die große Menge im Lande, die nicht weiß, was Brot ist und noch nie Brot gesehen hat.« So fand man in Pollenproben von Eriks Hof Brattahlid Haferpollen. Hafer wird auch heute noch, unter ähnlichen klimatischen Bedingungen, in Südgrönland angebaut – ebenso Gerste und Roggen. Auch Mahlsteine, die Archäologen auf einigen größeren Höfen gefunden haben, sprechen für den Getreideanbau durch experimentierfreudige Großbauern.

Nur 50 Einwohner zählt das kleine Dorf Igaliku. Mild ist hier das Klima im Sommer, da der Ort im Schutz der hohen Berge liegt.

Auf dem dunklen Lavagestein der Disko-Insel bei Qeqertarsuaq (Godhavn) ist dieser kleine Eisberg gestrandet.

Zwar waren die grönländischen Sommer deutlich wärmer als die in der alten Heimat – dafür zeigte sich der Winter wegen des nahen Inlandeises um so strenger. Man mußte also die traditionelle Architektur den härteren klimatischen Bedingungen anpassen. Noch gibt es da für die Historiker viele offene Fragen. Denn die Jahrhunderte haben von den Behausungen der europäischen Siedler wenig zur Befriedigung der Forscherneugier übrig gelassen. Das gilt vor allem für die Gebäude aus der Frühzeit der Besiedlung.

Eine der wenigen Ruinen in der Ostsiedlung, die noch von Eriks Mitreisenden stammen könnte, zeigt noch den typischen Wikinger-Grundriß mit den leicht oval nach außen gebogenen Längswänden. Dieses Langhaus hat als wichtigsten Raum die große Halle. Beheizt wurde diese durch mehrere Feuer, die nebeneinander offen auf Steinplatten brannten. Dieses tausendjährige Haus hatte bereits fließend Wasser: einen mit Steinplatten bedeckten Kanal, gespeist von einer nahen Quelle.

Bei jüngeren Hofanlagen wurde die zentrale Halle durch immer mehr Nebenräume ergänzt. Die Wände der Wohnanlage waren oft mit Holz verschalt. Dieses lieferten die sibirischen und nordamerikanischen Wälder frei Haus – als Treibholz. Die Wandpaneele hatten eine wichtige Funktion für den Wärmehaushalt. Sie reflektierten die Innenwärme und isolierten zu den Außenwänden hin. Diese bestanden aus Torfsoden und Steinen. Davor hatte man zur Wärmedämmung noch zwei bis drei Meter dicke Wände aus winddicht schließendem Torf aufgeschichtet. Fenster gab es nicht. Kälteschleusen und niedrige Außentüren sorgten dafür, daß man nicht ins Freie heizte. Als die in Jahrtausenden angeschwemmten Holzvorräte knapper wurden, verschwanden die wärmeschluckenden Hallen – bis auf die riesigen Repräsentationssäle der weltlichen und geistlichen Macht in Brattahlid, Herjolfsnaes und auf dem Bischofssitz Gardar, dessen Halle stattliche 140 Meter im Quadrat maß. Schließlich erzwang der Mangel an Heizmaterial den Bau ausgesprochener Energiespar-Häuser. Standen bis dahin die Ställe mit ihren bis zu fünf Meter dicken Schutzwänden für die kälteempfindlichen Kühe vom Wohnhaus getrennt, vereinte man jetzt alles unter einem Dach. Dabei nutzte man die Eigenwärme der Tiere als Alternativenergie. Auf einem solchen Zentralhof in Herjolfsnaes wurde der Dung in einem Raum in der Mitte des Gebäudes gelagert. Seine Verrottungswärme heizte die Wohnräume. So neu ist also die von Öko-Bauern propagierte Nutzung von Bio-Wärme aus Viehställen nun auch wieder nicht!

Außerdem nutzte man Robbenspeck zum Heizen. Dafür verwendete man spezielle Lampen aus Speckstein. Aus diesem feuerfesten und leicht zu bearbeitenden Universalwerkstoff des Nordens wurden auch Töpfe und Tiegel, Eß- und Trinkgeschirr, Webgewichte und sogar Kessel von gewaltigen Ausmaßen geschnitten. Da man bei den Dingen des täglichen Bedarfs auf Selbstversorgung angewiesen war – nur »Luxuswaren« wurden aus Norwegen importiert – verarbeitete man die heimischen Rohstoffe Knochen, Walroßzähne oder Raseneisenerz zu Werkzeugen und Geräten. Die riesigen Rückenwirbel der Wale dienten zum Beispiel als Schemel. Bei Jagd- und Handelsexpeditionen in den hohen Norden tauschte man mit den Inuit. Selbst auf deren Wohnplätzen auf Ellesmere Island im benachbarten Kanada fand der Archäologe Peter Schledermann Schiffsnie-

ten, Eisennägel und Eisenringe, die eindeutig von den Nordleuten stammen. Andererseits zeigte die metallurgische Analyse einer Pfeilspitze aus der Vesterbygd, daß diese aus dem Eisen des Meteors von Savissivik, nahe Qaanaaq (Thule) in Nordgrönland, geschmiedet war. Auch andere Funde berichten von einem Tauschhandel mit der Urbevölkerung – selbst an der Ostküste, wie man bei einem interdisziplinären Forschungsvorhaben im Sommer 1990 nachgewiesen hat.

Daß man hier am Ende der Welt noch großen Wert auf das Äußere legte, beweisen zahlreiche Fundstücke: von dekorativ gearbeiteten Knochenkämmen über Zierrat für die Kleidung bis hin zu silbernem Schmuck. Da die großen Schafherden vor allem der Wolle wegen gehalten wurden, stellte man Tuche in großer Menge her – wegen der hohen Qualität der Rohware und der Sorgfalt bei der Verarbeitung waren sie eine gefragte Exportware. Daß man die heimischen Textilien auch mit großem handwerklichen Können in modische Kleidungsstücke verwandelte, versetzte die Konservatorin des Kopenhagener Nationalmuseums, Else Østergaard, geradezu ins Schwärmen: »Die Frauentrachten sind in einem Schnitt ausge-

In sehr bescheidenem Umfang versucht man in Südgrönland Getreide anzubauen. Schafzucht auf den ehemaligen Weiden der Wikinger betreiben nur 50 Familien auf ganz Grönland.

führt, der ihnen einen ganz raffinierten Fall verleiht – dadurch, daß alle in Fadenrichtung geschnittenen Säume an diagonal geschnittene Säume stoßen.«

Trotz der Isolation fern von Europa folgte man in seiner Kleidung sogar den wechselnden Modeströmungen der Alten Welt. Diese selbst die Fachleute verblüffende Tatsache brachte die archäologische Untersuchung des Friedhofs von Herjolfsnaes, der südlichsten Nordmännersiedlung, an den Tag. Als Leichentücher hatte man auf diesem Gottesacker getragene Alltagskleidung verwendet, die tiefgefroren dank des Permafrostes im Boden, die Jahrhunderte erstaunlich gut überstanden hatte. Es war mit über 50 Kleidungsstücken – sämtlich hergestellt aus heimischen Wollköper – die mit Abstand größte Kollektion mittelalterlicher Jedermanns-Bekleidung, die man je gefunden hatte.

Was man bisher nur von Kalkmalereien her oder aus zeitgenössischen Beschreibungen kannte, wurde hier zum ersten Mal greifbar: knöchellange Kleider mit langem und kurzem Arm, knielange durchgeknöpfte Männerkittel, Frauenkleider mit plissiertem Oberteil und Langstrümpfe mit Füßlingen, wie man sie auch jenseits des Nordatlantiks trug. Besonders die Kopfbedeckungen zeigen die Modetrends des europäischen Westens: die kapuzenartigen, französischen Chaperons mit langen Zipfeln und Schulterkragen und die sie ablösenden zylindrischen Burgunderhüte, wie sie in der zweiten Hälfte des 15. Jahrhunderts in den Niederlanden getragen wurden – Mode kannte schon damals keine Grenzen.

Im Sommer 1961 kam ein seriöser Herr mit einem Paket unter dem Arm ins Kopenhagener Nationalmuseum und erklärte, da sei nun endlich der Schädel Erik des Roten. Die zunächst noch mitleidig lächelnden Geschichtshüter horchten auf, als der Besucher, der sich als der Amtschef des Grönland-Ministeriums erwies, über die Herkunft seiner »Reliquie« berichtete. Man hatte den Schädel bei Erdarbeiten für ein Schulheim in der Nähe von Eriks Hof Brattahlid gefunden – zusammen mit vielen anderen Knochen. Ein Jahr später gruben Archäologen aus fünf nordischen Ländern die Überreste von 65 Männern, 39 Frauen und 24 Kindern aus dem so entdeckten Gottesacker von Brattahlid. Die mitgereisten Anthropologen hatten alle Hände voll zu tun. Sie konnten nachweisen, daß ausgesprochen großgebaute, kräftige Menschen mit Erik nach Grönland gekommen waren: die Frauen um 1,66 Meter groß, die Männer um 1,74 Meter. Einige maßen sogar stattliche 1,85 Meter. Fast alle hatten gesunde Zähne ohne Karies – es gab noch keinen Zucker! Dafür litten viele an Rheuma und schwerer Gicht im Rückgrat und den Hüften – wohl nicht zuletzt eine Folge ihrer schlechtgeheizten Häuser. Die meisten waren, als sie starben, noch keine 50 Jahre alt gewesen. Die Todesursache konnte man nur bei einem jungen Mann diagnostizieren: Zwischen seinen Rippen lag ein Messer, das man ihm bis ins Schulterblatt gestoßen hatte.

In einem Massengrab fand man mehrere tausend Skelett-Teile auf einem Haufen. Nur die Schädel – von zwölf Männern und einem Jungen – lagen in Reih und Glied in der Gruft, nach Christenart mit dem Gesicht nach Osten. Die Erklärung für diese Kollektiv-Bestattung könnte der Sagabericht über Sigurd Njaalson bringen. Der hatte die zahlreichen Leichen aus einem Schiffswrack zum weit entfernt gelegenen Kirchhof bringen wollen, wie er es für seine Christenpflicht hielt. Er kochte die Leichname noch am

Wrack in einem Kessel, erzählt die Saga, »damit das Fleisch von den Knochen schied, welche dann leichter zur Kirche geführt werden konnten«. Ähnliches könnte auch bei dem Massengrab geschehen sein.

Die eigentliche Sensation aber war die Freilegung eines Kirchleins mit Platz für zwei Dutzend Gläubige. Es mußte nach der Lage zu urteilen Tjodhilds Kirche sein – das erste Gotteshaus auf Grönland. Heute hat man da aus mehreren Gründen Zweifel. Doch egal, ob man nun wirklich Tjodhilds Kirche und Eriks Schädel bei Quagssiarssuk ausgegraben hat – auf jeden Fall könnten sie es gewesen sein.

Nach Tjodhilds Taufe hatte man sehr schnell überall an den besiedelten Fjordufern kleine Kirchen gebaut. Wie die gesamte Christenheit des Nordens, unterstand auch die auf Grönland dem Erzbischof von Hamburg-Bremen. Schon ein Jahrhundert nach der Christianisierung riefen die von allen geistlichen Zentren weit entfernt lebenden Nordleute nach einem eigenen Bischof. Um 1120 schickten sie Einar Sokkason zu Norweger-König Sigurd dem Kreuzfahrer, mit der Bitte um einen eigenen Oberhirten.

Da Einar dem König die Entscheidung mit reichlich Walroßzähnen, dem begehrten Elfenbein des Nordens, erleichterte, ließ dieser 1124 den Priester Arnald zum ersten Bischof von Grönland weihen. Das trug ihm auch noch einen lebenden Eisbären als Dankeschön der Nordleute ein – man wollte sich schließlich nicht kleinlich zeigen. Der neue Bischof aber tauschte sein Leben im Dunstkreis des Königshofes nur unter Protest gegen das in der Einöde am Ewigen Eis. Und er ließ keinen Zweifel daran, daß er seine neuen Schäflein für ausgesprochen schwierige und rechthaberische Zeitgenossen hielt. Er brauchte dann auch zwei ganze Jahre, bis er endlich in seinem neuen Sprengel erschien, wo er sich beim Hofe Gardar, dem heutigen Igaliko, seinen Bischofssitz einrichtete.

Gardar, wo man noch heute neben zahlreichen anderen Ruinen die des mächtigen St.-Nikolaus-Domes findet, wurde schnell zum eigentlichen Machtzentrum. Denn die neue Kirche nutzte geschickt das Fehlen einer organisierten Staatsmacht und füllte dieses politische Vakuum mit wachsendem eigenen Führungsanspruch. Die Päpste im fernen Rom blickten mit Wohlwollen auf die »Diözese im Eis«, denn die Peterspfennige und Kreuzzugszehnten flossen überreichlich in Form von gedörrten Schafskeulen, Robben- und Eisbärfellen oder Walroßleder. Noch wichtiger aber war das schon erwähnte arktische Elfenbein, vor allem der gedrehte Stoßzahn des Narwals, den man auf dem Kontinent für das Horn des legendären Einhorns hielt und in Gold aufwog.

Da natürlich auch der Bischof selbst nicht leer ausgehen konnte, unternahmen vor allem die Bauern der Westsiedlung gefahrvolle Jagdreisen bis weit in den unbekannten Norden Grönlands. Da sich viele ihr Seelenheil auch dadurch zu sichern suchten, daß sie der Kirche ihren Grund und Boden vermachten, wuchs die wirtschaftliche Macht der Bischöfe noch zusätzlich. Über 40 Gebäude, die man in Gardar nachgewiesen hat, zeugen davon.

Die Schatzkammer am Ende der bewohnten Welt weckte natürlich auch die Begehrlichkeit der norwegischen Krone. Da König Hákon Hákonarson um 1260 ohnehin dabei war, sein Reich durch die nordatlantischen Gebiete zu vergrößern, ließ er über »seinen«

Bischof in Gardar Druck auf die Nordleute ausüben. Als die benachbarten Isländer 1262 vor Hákons Imperialismus kapitulieren mußten, begab sich Grönland freiwillig – wie die *Hákonar Saga Hákonnarsonar* (Die Geschichte von Hakon Hakonssohn) behauptet – unter die Oberherrschaft des Königs. Aus dem Freistaat wurde ein norwegisches Schutzland. Mit dem Monopol auf die Schiffahrt nach Grönland übernahm der König allerdings auch die Verpflichtung, die Versorgungsfahrten zur Insel aufrecht zu halten.

Doch mit der zunehmenden Klimaverschlechterung wurde die Verbindung oft für Jahre unterbrochen. So kamen einige der anderthalb Dutzend für Grönland geweihten Bischöfe überhaupt nicht auf die Insel – einer verschwand spurlos auf der Reise dorthin. Und wer dort doch ansässig wurde, nahm es oft mit seinen Amtspflichten nicht so genau – das Reich der Christenheit war schließlich groß, und der Papst war weit! So fand man unter dem Boden der Nordkapelle von Gardar die sterblichen Überreste eines unbekannten Oberhirten samt Bischofsstab aus Eschenholz und reich verziertem Walroßzahn sowie dem Bischofsring. Allerdings fehlte in seiner Fassung der obligatorische Saphir, der die Geistlichkeit vor Fleischeslust schützen soll. Trotz Zölibats ruhten neben den Gebeinen des Bischofs die einer Frau.

Gleich drei monumentale Gotteshäuser (Gardar, Hjerjolfsnaes und Hvalsø) für die nur wenige tausend Gläubigen machen die wirtschaftliche Potenz der Kolonie deutlich. Doch plötzlich war für die Westsiedlung die Katastrophe da. Um 1350 gab der Verwalter von Gardar, Ivar Bårdson, zu Protokoll, man habe ihn zur Vesterbygd geschickt, um die Skrälinger aus der Siedlung zu vertreiben:

1728 gründete der norwegische Pastor und Missionar Hans Egede die Niederlassung Godthåb, die spätere Hauptstadt Nuuk.

links: Grönlands Hauptstadt Nuuk (Godthåb) ist nach europäischen Maßstäben im Grunde genommen mit ihren etwas über 12 500 Einwohnern eine lebendige Kleinstadt.

»Kein Mensch war mehr dort, weder Christ noch Heide, nur wilde Rinder und Schafe. Jetzt haben die Skrälinger die ganze Vesterbygd.«

Hatte das für den Zeitraum nachgewiesene Absinken der Temperatur die Inuit in ihre 500 Jahre zuvor verlassenen Jagdgebiete zurückkehren lassen, weil mit dem kälteren Wasser auch die Robben in großer Zahl wieder zurückkehrten? Daß dafür bereits ein einziges Grad Temperaturunterschied ausreicht, haben die Grönländer 1920 erlebt. Damals brach die traditionelle Jagd- und Fangwirtschaft endgültig zusammen, weil die Robben aus dem wärmeren Wasser verschwanden. Hatten die Inuit um 1350 also rücksichtslos ihre Konkurrenten niedergemacht, damit sie die knappen Ressourcen nicht mit den Nordleuten teilen mußten? Vieles würde dafür sprechen.

Oder hatten die Nordleute auswandern müssen, weil bei dem kälteren Klima nicht mehr genügend Futter für ihr Vieh wuchs? Dagegen spricht, daß man in vielen Häusern nicht nur Hausrat und Gerät zurückgelassen

Das Eis ist in Grönland nirgendwo weit entfernt. Es liegt oder schwimmt sozusagen vor der Haustür, wie hier vor der Westküste.

Der Gedenkstein in Brattahlid erinnert an Erik den Roten, den ersten Menschen der Alten Welt, der sich auf der westlichen Halbkugel niederließ.

rechts: Für viele der einsam gelegenen Siedlungen sind die Versorgungsschiffe die einzige Verbindung zur Außenwelt.

hatte, sondern sogar frischgefüllte Vorratskammern. Die bei schriftlichen Quellen ja zunehmend skeptischen Forscher bezweifeln sogar, daß um 1350 schon die ganze Westsiedlung aufgegeben wurde. Untersuchungen von Fundstücken aus den Wohnplätzen Nipaitsoq und Niaqussat nach der Kohlenstoff-C-14-Methode datieren diese etwa auf das Jahr 1400. Claus Andreasen vom Nationalmuseum vermutet daher, daß Ivar Bårdson längst nicht das ganze Gebiet der Vesterbygd erkundet hat.

In der Østerbygd scheint das Leben weiter seinen normalen Gang genommen zu haben. Doch dann kommen auch von dort die ersten Meldungen von blutigen und verlustreichen Scharmützeln mit angreifenden Skrälingern, von Plünderungen und Morden durch deutsche und englische Seeräuber, von ausbleibenden Versorgungsschiffen, weil die Fahrwasser um Grönland zunehmend vereisen, weil im Mutterland Norwegen der Schwarze Tod herrscht und die Hanse sich dort und im übrigen Europa störend in den Fernhandel einmischt.

Es ist ein ausgesprochen freudiges Ereignis, das uns als letztes vor dem großen Schweigen aus der Østerbygd und dem endgültigen, spurlosen Verschwinden der Nordleute schriftlich überliefert ist. Am Sonntag nach der Kreuzmesse, am 19. September 1408, standen Thorstein Olafson und Sigrid Björndóttir vor dem Traualtar der Kirche von Hvalsø, dort, wo Regierungschef Jonathan Motzfeldt 574 Jahre später seine Predigt hielt. Was dann noch am Eriksfjord geschah, ist nicht bekannt.

1492 schreibt Papst Alexander VI. – besorgt um das Schicksal der Diözese im Eis – in seinem Hirtenbrief *Cum ut accepimus,* er habe vernommen, daß die Bewohner von Gardar »an den Enden der Welt« sich von getrocknetem Fisch und Milchprodukten ernähren müßten, weil ihnen »das Brot, der Wein und das Öl« ausgegangen seien. Seit achtzig Jahren sei kein Schiff mehr dortgewesen, weil die »Navigation durch dick gefrorenes Eis« behindert werde.

Wann und vor allem warum verschwanden Eriks Nachfahren wirklich aus der Kolonie am Ewigen Eis?

Für die Antwort auf diese Fragen werden die Historiker und weit mehr noch als bisher die Kollegen der Naturwissenschaften bemühen müssen. Immerhin ist die Grönland-Besiedlung der einzig nachweisbare Fall einer europäischen Zivilisation, die völlig erlosch.

Bliebe noch die Geschichte mit den tiefgefrorenen Burgunderhüten von Herjolfsnaes: Sie wurden in Europa erst nach 1450 kreiert. Offenbar lebte man also um diese Zeit am südlichsten Zipfel der Nordleute-Siedlungen noch so unbeschwert, daß man sogar noch Sinn für die neuesten Modetrends vom Kontinent hatte.

DER ABSCHIED GRÖNLANDS VON EUROPA

Aus der dänischen Kolonie wurde ein autonomes Land der Arktis unter der dänischen Krone

Altstadt und Hafen von Sisimiut (Holsteinsborg) erinnern an die Vergangenheit der Stadt als Walfängerstation.

vorhergehende Doppelseite: Bleich steht die Mitternachtssonne über der Küste bei Paamiut (Frederikshåb).

P*uissi!*« – eine Robbe – schrie der Matrose am Ausguck, wenn zwischen den Eisschollen für ein paar kurze Augenblikke ein schwarzer Kopf auftauchte. Der Skipper unseres Kutters »Blåside« drosselte die Fahrt und griff nach dem Karabiner. Auch die drei Passagiere stürzten mit geladenen Gewehren an Deck. Eine Salve von Schüssen krachte – vor uns färbte sich das stahlblaue Wasser in der schmalen Wake blutrot. »Getroffen!« rief Moses Petersen, der Pastor, freudig erregt zu uns herüber. Es war bereits die vierte Robbe, die bei unserer Zickzackfahrt durch die Eiskanäle in ihrem Blute schwamm.

Wir waren an diesem frostklirrenden Märztag mit Moses Petersen, Anda Lynge und Borse Rossbach unterwegs durch das Eis der Diskobucht, um sie als Kandidaten beim gemeinsamen Wahlkampfauftritt ihrer drei Parteien in der kleinen Fängersiedlung Saqqaq mit der Kamera zu beobachten. In vierzehn Tagen, am 4. April 1979, sollte das erste Parlament in der Geschichte der Insel gewählt werden. Denn am 1. Mai 1979 würde das Königreich Dänemark Grönland nach gut 200 Jahren als Kolonie und nach einem Vierteljahrhundert als dänische Provinz in die *Hjemmestyre* entlassen – in die Landesselbstverwaltung. Die Insel stand an einer historischen Schwelle – doch während der stundenlangen, vergeblichen Anläufe, durch das Eis nach Saqqaq zu kommen, war *puissi,* die Robbe, wichtiger.

Als wir endlich kurz vor Mitternacht die Siedlung erreichten, warteten alle 48 Wahlberechtigten samt zwei Dutzend Kindern geduldig im Versammlungsraum – das Vergnügen einer Wahlversammlung hatte es noch nie zuvor in Saqqaq gegeben. Unsere drei Hauptakteure in der politischen Manege sahen sich einem Kreuzfeuer von Fragen ausgesetzt: Was würde sich ändern, wenn man nun selbst über das Schicksal der Insel bestimmen könnte? Würden die Millionen aus der dänischen Staatskasse weiterfließen? Würden die zugewanderten Dänen auf der Insel auch weiterhin besser bezahlt als die eigenen Leute? Und müsse man nicht so schnell wie möglich raus aus der EG? Denn nach der Fernsteuerung aus Kopenhagen müsse man sich nun aus Brüssel bevormunden lassen! Schließlich könnten die Inuit, die Jahrtausende unter extrem widrigen Umständen ohne fremde Hilfe gelebt hätten, ihren Weg auch ohne die Europäer gehen!

Das neue, volkliche Selbstbewußtsein bestimmte die lange Nacht von Saqqaq. Zehn Wochen zuvor hatten sich die Grönländer in einem Referendum mit großer Mehrheit für die Abnabelung vom Mutterland Dänemark entschieden. Damit hatte die neue grönländische Politikergeneration ihr wichtigstes Ziel erreicht: das Ende der »Fremdbestimmung« Grönlands durch die Dänen. Als autonomes Land der Arktis wollte man sein Schicksal in die eigenen Hände nehmen.

Der Anspruch Dänemarks auf die arktische Rieseninsel geht auf das Jahr 1387 zurück, als Norwegen mit all seinen Besitzungen – darunter auch Grönland – als Erbe an die dänische Krone fiel. Doch es dauerte noch bis 1721, ehe der Dannebrog am Ewigen Eise wehte. Der Prediger Hans Egede hatte ihn gehißt, als er sich als erster Europäer nach den Nordmännern Eriks des Roten auf der Insel niederließ. Egede hatte sich vom Dänenkönig Frederik IV. den Auftrag geben lassen, die »elenden, blinden Grönländer« zu missionieren und – was für den Monarchen sicher noch interessanter war – mit ihnen Handel zu treiben. Denn das Elfenbein des Nordens, Walroß- und Narwalzähne, sowie das arktische Pelzwerk standen hoch im Kurs.

Die grönländische Flagge, die aufgehende Sonne über dem Eis, gibt es seit 1985. Sie wurde mit knapper Mehrheit vom Parlament gewählt. Die Opposition votierte für eine Flagge, die wie bei allen anderen nordischen Staaten ein Kreuz zeigte.

So schickte Frederik zum Schutz der von Egede angelegten »Kolonie« Godthåb, der heutigen Hauptstadt Nuuk, einen Trupp Soldaten und – als Siedler – einen Haufen verwegener Strafgefangener und Prostituierter, die man vor der Abreise nach Losentscheid miteinander zwangsverheiratet hatte. Über Letztere war Egede ebenso wenig erfreut wie über die spätere »Verstärkung« für die Missionstätigkeit, die ihm Christian VI. 1730 un-

Im Wahlkampf geht es um Wählerstimmen für die beiden großen Parteien Siumut und Atassut.

angefordert nach Godthåb schickte: die Herrnhuter des Grafen Zinzendorf. Diese sehr aktive Brüdergemeine aus Deutschland, die bis 1900 auf Grönland wirkte, betrachtete Egede als lästige Konkurrenz.

Nach den Herrnhutern tragen viele Grönländer deutsche Familiennamen. So überraschte der langjährige Parlamentspräsident in Nuuk deutsche Besucher gern damit, daß er sich als Lars Karl-Marx-Stadt vorstellte. Als ich ihn im Mai 1990 wieder traf, erklärte er mir augenzwinkernd, nun heiße er endlich wieder Lars Chemnitz. Denn wenige Tage zuvor hatten die Einwohner der sächsischen Stadt sich für die Rückkehr zum alten Namen ausgesprochen.

Der königliche Auftrag für Egede war der Startschuß für den Ausbau Grönlands zur dänischen Kronkolonie. Mission und Handel breiteten sich aus; neue Siedlungen wurden für Kirche und Kaufleute entlang der Westküste angelegt. Mit der Gründung des »Königlich Grönländischen Handels« (KGH) sicherte sich die Krone 1749 das Staatsmonopol für den gesamten Warenaustausch mit der Insel. Dieses Monopol mußte mit Kanonen gegen die Niederländer verteidigt werden. Denn die holländischen Walfänger beherrschten auf ihrer Jagd nach dem begehrten »Öl für die Lampen Europas« und dem ebenso gefragten Fischbein für die Krinolinen und Mieder die eisigen Gewässer um Grönland. Die auf ihren Schiffen angeheuerten Friesen von Sylt, Föhr und Amrum halfen ihnen dabei kräftig. Aber die Holländer ließen sich auch an Land nieder und trieben lebhaften Tauschhandel mit den eingeborenen Inuit. Das störte die dänischen Kolonialinteressen, und so schrieb Christian VI. 1746 als der »große Herr über Eskimos und Weiße« in einer Botschaft an seine »lieben Eskimos«, wenn sie weiterhin ihre Barten bei den »fremden Weißen« (Holländern) gegen Gewehre, Kugeln und Pulver eintauschten, werde er sein »großes Schiff mit den großen Gewehren schicken, welche euer Land verderben und die fremden Weißen abhalten können.«

Nach Ende der Walfängerzeit machten die Dänen Grönland zu einer von der Umwelt völlig abgeschlossenen Kolonie. Der Königlich-Grönländische Handel allein entschied darüber, was den Inuit auf ihrer Insel frommte, wobei man sich allerdings im Gegensatz zu anderen Kolonialmächten mit der Ausbeutung von Land und Leuten sehr zurückhielt. Die bewußte Isolation endete abrupt mit dem Zweiten Weltkrieg, als sowohl die deutschen als auch die amerikanischen Militärs ein strategisches Interesse an der Insel zeigten. Grönland war die »Wetterküche« des Nordatlantiks, und so versuchten die Deutschen heimlich, meteorologische Stationen – bemannte wie unbemannte – im Eis der Ostküste anzulegen. Die Amerikaner hatten ein Interesse daran, die für die Aluminium- und damit für die Flugzeugproduktion so wichti-

In der unwirtlichen, eisigen Einsamkeit an der Ostküste lebt diese Frau mit ihrem Mann, dem Eisbärenjäger.

ge, größte Kryolithgrube der Welt im südgrönländischen Ivittuut nicht in deutsche Hände fallen zu lassen, sondern sie selbst zu nutzen. Außerdem konnte ihnen die Insel als natürlicher »Flugzeugträger« im Nordatlantik dienen – ohne Zwischentanken hätten ihre Bomberstaffeln die strategischen Ziele in Deutschland nicht erreichen können.

Als mit der deutschen Besetzung Dänemarks am 9. April 1940 alle Verbindungen zwischen dem Mutterland und Grönland abrissen, schloß Washington mit dem auf eigene Faust handelnden dänischen Botschafter in den USA, Henrik Kaufmann, einen Vertrag: Die USA erkannten ausdrücklich die dänische Souveränität über Grönland an; sie erhielten aber das Recht, Militärbasen auf der Insel anzulegen. Das waren vor allem die drei Luftstützpunkte Bluie West One, West Eight und East Two. Die ersten beiden werden noch heute als Flughäfen von Narsarsuaq und Kangerlussuaq (Søndre Strømfjord) für den zivilen Luftverkehr genutzt. Allein auf Bluie West One wurden während des Krieges 28 000 Flugzeuge aufgetankt.

Anstelle der KGH übernahmen die Amerikaner von 1940 bis 1945 die Versorgung der Grönländer. Neue, bis dahin nicht gekannte

196 Menschen leben in der kleinen Ortschaft Tiniteqilaaq am Sermilikfjord im unwirtlichen Osten Grönlands. Bis in den Juli hinein kann hier das Eis die Versorgung der Siedlungen übers Wasser unmöglich machen.

Waren füllten plötzlich in großer Auswahl die Regale der Butikken, vom orange juice in Dosen bis zu Petroleumlampen. Der Küstenverkehr zwischen den Siedlungen wurde verstärkt, Verbindungen zum amerikanischen Nachbarland wurden hergestellt. Dorschfischerei und Schafzucht blühten auf, neue Wohnungen wurden gebaut, eine eigene Zeitung erschien – die Bevölkerung wuchs um 15 Prozent. Die geschlossene Insel hatte sich geöffnet – alle Versuche der Dänen, nach Kriegsende das Rad der Geschichte wieder zurückzudrehen, hatten nur vorübergehend Erfolg.

»Unmittelbar nach dem Kriege«, erinnert sich der letzte dänische Grönlandminister Tom Høyem (das Ministerium wurde 1987 aufgelöst), »kam zum ersten Mal eine Gruppe dänischer Journalisten auf die Insel, und zum ersten Mal erfuhr die dänische Öffentlichkeit über die Medien von Elend und Armut, von Tuberkulose, hoher Kindersterblichkeit und miserablen Wohnverhältnissen. Noch 1950 lag die Lebenserwartung für den grönländischen Mann bei nur 32,4 Jahren! Die Zahl der negativen Schlagzeilen nahm im Laufe der Nachkriegsjahre zu – Dänemark fühlte plötzlich etwas wie Kollektivschuld. Konnte

Immer wieder fasziniert die bizarre Formenvielfalt der Eisberge, wie hier bei Qaqortoq (Julianehåb).

man sich selbst überhaupt noch für zivilisiert halten, wenn man noch immer Kolonialmacht war und jedes Jahr den Vereinten Nationen Rechenschaft über die Verhältnisse in der Kolonie geben mußte?«

So war es dann auch nicht so sehr die Forderung eines unterdrückten Kolonialvolkes, die Dänemark 1953 bewog, die Kolonie Grönland in eine dem übrigen Königreich gleichberechtigte dänische Provinz umzuwandeln. Der eigentliche Auslöser war vielmehr das Unbehagen der Politiker in Kopenhagen. Sie wollten nicht, daß man auf dem internationalen Parkett – wie in der UNO – noch länger mit Fingern auf die kolonialen Flecken der dänischen Krone zeigte, wo das Königreich doch sonst als ein Musterland galt.

Der Statusumwandlung folgte eine rigorose Umwälzung der gesamten Lebensverhältnisse in der neuen Provinz. Die Wirtschaft wurde endgültig von der Robbenjagd auf den Hochseefischfang und dessen industrielle Verarbeitung als Hauptgrundlage umgestellt – wobei eine Klimaänderung kräftig nachhalf. Kutter ersetzten den Kajak. Die kleinen Jägersiedlungen, die weitverstreut an den Küsten lagen, wurden entvölkert, ihre Bewohner zur besseren Versorgung mit den »Errungenschaften der Zivilisation« in Städten konzentriert, die geradezu aus den Nähten platzten. Man holte die Menschen aus ihren Torfhütten und Holzhäuschen auf einsamen Klippen in riesige Etagenhäuser aus Beton. Moderne Hospitäler nahmen sich der Kranken an, die Schulen hatten denselben Standard wie in Haderslev oder Odense. Bis zum Ende der siebziger Jahre hatte sich die Lebenserwartung des Bürgers Ussarqaq Qujaakitsoq in Qaanaaq auf 57,2 Jahre erhöht.

Doch der gute Wille, aus den unmündigen Kolonialkindern gleichberechtigte Nord-Dänen zu machen, hatte auch seine düstere Kehrseite. Die Grönländer sahen sich plötzlich entwurzelt – von ihrer Geschichte und Kultur abgeschnitten. Die uralten Familienverbände zerbrachen, weil zwischen den Generationen – meist schon zwischen Eltern und Kindern – unüberbrückbare Generationskonflikte auftraten. Die einen lebten mit ihrem Denken noch ganz in der archaischen Jägergesellschaft, die anderen in der Industriegesellschaft des 20. Jahrhunderts mit all ihren materiellen Möglichkeiten, Verlockungen und Gefahren. Die Bevölkerungszahl explodierte geradezu. Die Geschlechtskrankheiten wurden nach dem Sieg über die Tuberkulose eine neue Volksseuche. Völlig ratlos stand man vor hemmungslosem Alkoholmißbrauch.

Die Reaktion auf diese so nicht erwartete Entwicklung, in die man ebenso wohlmeinend wie blauäugig hineingeraten war, kam Ende der sechziger Jahre. Unter den in Kopenhagen studierenden Grönländern schlossen sich – vor dem Hintergrund der europäischen Studentenunruhen von 1968 – politisch Denkende zu der späteren ideologisch

Inlandeis und schroffe Küstengebirge lassen nur wenig Raum für die Siedlungen. Kein Schiff kann auslaufen, wenn die Eisberge vor der Hafenausfahrt, wie hier bei Qasigiannguit (Christianshåb) an der Diskobucht, driften.

linken Kaderschmiede, dem Rat Junger Grönländer, zusammen.

Für diese zornigen jungen Inuit war – wie Sam Hall in seinem Buch *Die Vierte Welt* schreibt – »der dänische Traum ein Alptraum, in dem die grönländische Sprache, der Gemeinschaftsgeist und die Kultur der Inuit langsam vernichtet wurden ... Drei von ihnen, ein Dichter, ein Lehrer und ein Geistlicher, entwickelten im Laufe der Zeit eine beachtliche politische Macht. Moses Olsen, der Dichter, setzte sich dafür ein, daß die Grönländer eine Chance bekamen, ihre Probleme selbst zu lösen; Lars Emil Johannsen, der Lehrer, warnte vor einem ›kulturellen Völkermord‹ durch die Dänen; Jonathan Motzfeldt, der Geistliche, forderte die Abschaffung der (die Inuit) diskriminierenden Lohnpolitik.« Alle drei Politiker spielen noch heute in der regierenden linkssozialen Siumut-Partei eine führende Rolle – Jonathan Motzfeldt ist seit Einführung der Autonomie 1979 Regierungschef in Nuuk.

In den siebziger Jahren zeigte sich immer deutlicher, daß das von Kopenhagen in wohlmeinender Absicht forcierte dänische Wirtschafts- und Wohlfahrtsmodell für die arktische Provinz nicht geeignet war. Die überforderten Grönländer, von denen viele durch das Netz der sozialen Fürsorge zu passiven Zuschauern der Entwicklung ihres Landes gemacht wurden, fühlten sich trotz Statusänderung mehr denn je von Kopenhagen fremdbestimmt. Da die eigene Kultur keine Bedeutung mehr hatte, und man in der neuen nicht Fuß fassen konnte, gerieten viele Menschen in eine Identitätskrise. Auch wirtschaftlich ging es nicht so voran, wie man es sich erhofft hatte. Eine 1969 beginnende Klimaveränderung, verbunden mit dem Sinken der Wassertemperaturen, ließ die Dorschbestände, auf die man als Grundlage für die neue Fischindustrie gesetzt hatte, wieder vor den Küsten verschwinden. Man stand vor einer gewaltigen Fehlinvestition.

Drei aktuelle Ereignisse ließen die Forderung nach eigener politischer Entscheidung immer lauter werden. Am 21. Januar 1968 war ein B-52-Bomber der US-Marine bei einem Übungsflug von Plattsbourgh N. Y. in der Nähe des US-Luftwaffenstützpunktes Thule in Nordgrönland abgestürzt. Mit vier Wasserstoffbomben an Bord war er im Eis verschwunden. Für die Grönländer war das ein Anlaß, heftig gegen die militärische Anwesenheit der Amerikaner auf der Insel zu protestieren. Im Oktober 1972 stimmte die Mehrheit der Wähler im dänischen Mutterland durch Volksentscheid für den Eintritt Dänemarks in die EG. In Grönland waren 70,8 Prozent der Wähler dagegen. Dennoch kam auch die Insel als Teil Dänemarks in die EG. Auch das brachte böses Blut. 1975 vergab das Grönlandministerium in Kopenhagen Konzessionen für die Suche nach Öl auf dem Grund der Davisstraße. Die Grönländer fürchteten irreparable Umweltschäden und protestierten heftig gegen den Kopenhagener Alleingang bei der Ausbeutung »ihrer« Bodenschätze.

Diese Beispiele der eigenen Machtlosigkeit verstärkten das noch immer vorhandene koloniale Syndrom. Die Dänen zeigten sich über soviel Undankbarkeit zunächst gekränkt – hatten sie doch sozusagen selbstlos Milliardenbeträge investiert, um den neuen Landeskindern in der eisigen Nordprovinz zum Einstieg in die moderne Welt zu verhelfen. Dann aber erkannten sie sehr schnell, daß nur die erneute Flucht nach vorn helfen konnte. Ähnlich wie schon für die Färöer-Inseln ließen sie für Grönland ein Selbstbestimmungsmodell ausarbeiten, das 1978 im dänischen Parlament eine große Mehrheit fand. Beide in Grönland entstandenen politischen Parteien – die radikalere Siumut, aber auch die gemäßigte dänenfreundliche Mittepartei Atassut, stellten sich hinter die Autonomie-Forderung. So waren bei dem Referendum im Januar 1979 70 Prozent der abgegebenen Stimmen für die Selbstverwaltung. Am 1. Mai 1979 überreichte Königin Margrethe II. in Nuuk feierlich das neue *Hjemmestyre*-Gesetz. Grönland war mit diesem Tage ein autonomes Gebiet unter der dänischen Krone als Souverän. Über die innenpolitischen Belange entschied fortan das Inselparlament. Die Hoheit über die Justiz sowie die Verteidigungs- und Außenpolitik behielt Kopenhagen.

Dennoch galt der erste emanzipatorische Kraftakt der neuen Regierung den Außenbeziehungen – der Trennung von der ungeliebten EG, in die man 1973 wider eigenen Willen geraten war. Im März 1980 hatte man den deutschen Trawler »Heidelberg« nach einer Verfolgungsjagd als Raubfischer vor der grönländischen Küste aufgebracht. Man konfiszierte Fang und Ausrüstung für eine gute halbe Million Mark und kassierte 180 000 DM Strafe. Die »Heidelberg« lieferte, ebenso wie ein knappes Dutzend weiterer deutscher Piratenfischer, den EG-Gegnern die wirkungsvolle Munition für ihren Feldzug gegen eine Gemeinschaft, »deren starke Mitglieder rücksichtslos die See ihres schwachen Genossen leerfischten«. Die See war zum EG-Binnenmeer geworden, wo Brüssel die Fangquoten verteilte – auch für die Grönländer.

»Die deutschen Seeräuberfänge vor unserer Küste sind Raubbau an unserer ureigenen Existenzgrundlage«, sagte mir Regierungschef Jonathan Motzfeldt 1981 in einem Interview. »Außerdem haben wir es satt, jedes Jahr wieder in Brüssel um Fangquoten in unserem eigenen Meer betteln zu müssen. Wir haben mit Europa nichts gemein. Als Inuit gehören wir zum amerikanischen Kontinent. Nach Kanada sind es 60, nach Brüssel 4100 Kilometer!«

Nur zwei bis drei Monate dauert der Sommer auf Grönland. Dann lassen grüne Wiesen und Blumen den extrem langen und harten Winter vergessen.

Am 23. Februar 1982 krachten Böller und fauchten Raketen in die dunkle Winternacht über Nuuk: Die Hauptstadt feierte das *nagga,* das – wenn mit 52 Prozent auch knappe – Nein zur EG, für das man sich in einer Volksabstimmung an diesem Tag entschieden hatte. Zwar gab es in Brüssel Widerstände gegen diesen ersten Austritt eines autonomen Gebietes – vor allem von der Bundesrepublik, die die wichtigsten Fischgründe ihrer Hochseeflotte in Gefahr sah. Doch am 1. Januar 1985 trennte sich die Gemeinschaft von ihrem aufmüpfigen Partner im arktischen Eis – das Territorium der EG schrumpfte mit einem Schlag auf die Hälfte zusammen. Wie Surinam, Französisch-Polynesien oder die Virgin Islands erhielt Grönland als ehemalige Kolonie den Sonderstatus eines assoziier-

Die kleinen, farbigen Häuschen zeigen deutlich die Vergangenheit Ilulissats (Jakobshavn) als dänisches Kolonialstädtchen.

ten Überseegebietes – und damit zollfreien Zugang für seine Fischprodukte auf dem EG-Markt.

Bis zu seinem selbstgewählten Abschied von der Gemeinschaft hatte Grönland fast 400 Millionen DM aus den verschiedenen EG-Fonds kassiert. Diese Brüsseler Millionen entfielen. Die vollmundigen Beteuerungen der EG-Gegner, man werde das leicht durch den Verkauf von Fischereikonzessionen an die Europäer kompensieren, blieben Wunschdenken. Zwar zahlt die EG im Jahr 75 Millionen DM für Fangrechte, aber niemand macht sich in Nuuk noch Illusionen, daß dieses für die Europäer teure Abkommen bei den weiter abnehmenden Dorschbeständen nach seinem Ablauf 1994 verlängert wird.

Zum Jahreswechsel 1990/91 mußte der erklärte EG-Gegner Jonathan Motzfeldt indirekt eingestehen, daß die Trennung von der EG wohl ein Fehler war. Er kündigte an, Grönland werde sich zusammen mit den Isländern und den Färöern um ein neues Assoziierungsabkommen bemühen, um so – zumindest wieder mit einem Bein in der EG – erneut an die Millionen aus deren wohlgefüllten Geldtöpfen zu kommen. So weit entfernt wie 1981 war Brüssel 1990 nicht mehr.

Die Kirche und der Speicher des Königlich Grönländischen Handels, hier in Sisimiut, dem ehemaligen Holsteinsborg, galten in der Zeit des politischen Aufbruchs in den siebziger Jahren als Symbole des Kolonialismus.

Auch auf anderen Gebieten hatte die große Euphorie der Emanzipation der Ernüchterung Platz gemacht. Man mußte registrieren, daß man mehr als je zuvor auf die jährlichen Milliardenhilfen aus dem dänischen Staatssäckel angewiesen war. Mit rund 10 000 Dänen arbeiteten mehr Auswärtige auf der Insel als vor der Autonomie. Fachleute aus dem einstigen Mutterland dominieren die gesamte Landesverwaltung und private Wirtschaft. Bei den zuvor verprellten Minenmultis mußte man Klinken putzen gehen; Skandale erschütterten die politische Landschaft; die Arbeitslosigkeit war gewachsen – durch den Alkoholmißbrauch erreichten Mord und Totschlag 1990 einen traurigen Rekord.

»Wenn hier im Land schon Fehler geschehen, dann laßt uns diese wenigstens selber begehen«, hatte Hans Lynge 1978 selbstbewußt gedichtet. Bei der Bilanz der Emanzipation mußte man erfahren, daß eigene Fehler nicht weniger schmerzen als fremde.

UNSER TÄGLICH FLEISCH GIB UNS HEUTE

Der Ärger der Grönländer über Brigitte Bardot und das Risiko, allein auf den Segen des Meeres zu bauen

Längst hat das Motorboot den traditionellen Kajak bei der Robbenjagd abgelöst.

vorhergehende Doppelseite: Grönland bietet seinen Besuchern immer wieder ein überwältigendes Naturerlebnis.

Bei dem Namen Brigitte Bardot sieht Uusaqqaq Qujaakitsoq rot. Dabei hat der Robbenjäger aus Qaanaaq (Thule) nichts gegen deren verführerische Leinwandkünste. Doch der alternde, einstige Kultstar hat es sich mit allen Grönländern verdorben, als er sich 1977 – schmollmündig mit einem Robbenbaby im Arm posierend – zum Aushängeschild für eine weltweite Kampagne gegen Robbenpelze machen ließ.

Mit BB als Zugpferd hatten Umweltorganisationen mit Greenpeace an der Spitze die Weltöffentlichkeit gegen das barbarische Robbenschlagen vor Neufundland mobilisiert. Bei diesen Massakern auf dem kanadischen Eis wurden jährlich 150 000 Sattelrobbenbabys von professionellen Schlächtern aus Norwegen und Kanada mit Keulen erschlagen – nur wegen ihres weißen Geburtspelzes. Als prompte Reaktion auf den Feldzug gegen das grausame Robbenschlachten verboten die USA und europäische Länder den Import von Jungrobben-Pelzen. Das Europäische Parlament und die EG schlossen sich dem Bann an. Zwar klammerte Brüssel dabei ausdrücklich die »traditionelle Jagd der Urbevölkerung« aus, doch der weltweite Boykott für alles Robbenpelzwerk traf sozusagen Gerechte wie Ungerechte – die eingeborenen Einzeljäger noch härter als die kommerziellen Massenschlächter. Die Inuit verloren ihre einzige Geldquelle, denn sie mußten ihre Felle an die Hunde verfüttern oder ins Meer werfen. Das hatte es bisher noch nie gegeben.

Doch man mußte weiterjagen. Denn das Fleisch der Robbe ist vor allem im hohen Norden der Insel und an der Ostküste noch immer Hauptnahrungsmittel – um die 70 000 Tiere werden im Jahr erlegt. Noch Mitte der siebziger Jahre wurden in dem Jägerdorf Isortoq an der Ostküste neben dem ganzen Sortiment von Importen aus der Tiefkühltruhe von jedem Bewohner laut Statistik 331 Kilo Robbenfleisch pro Jahr verzehrt.

Als ich dort den Katecheten Boas und dessen fünfköpfige Familie im Sommerjagdlager besuchte, ging der Primuskocher unter dem großen Schmortopf mit dem Fleisch frisch erlegter Robben den ganzen Tag nicht aus. Wer auch immer hungrig war, fischte sich seinen dicken Brocken *nereq* (Fleisch) oder *aammaqqaq* (Speck) aus der fetten Brühe.

Für das Fell einer Robbe rechnete Boas damals im Schnitt mit 180 Kronen. Drei Jahre später – ein Jahr nach Beginn der Kampagne – war der Preis auf 50 Kronen gefallen, wenn man bei den überquellenden Lagern überhaupt noch etwas absetzen konnte. Für Boas' Frau lohnte sich die harte Arbeit der Fellzubereitung nicht mehr.

Kein Wunder, daß Uusaqqaq, der seine erste Robbe mit zehn Jahren erlegt hatte, auf Brigitte Bardot gar nicht gut zu sprechen war. Im Februar 1983 war er mit einer Delegation von der Eisinsel auf einer Goodwilltour durch die Hauptstädte Europas, um die Öffentlichkeit zu informieren, daß der undifferenzierte Boykott 2000 Fängerfamilien in Grönland die Existenz raubte. Als wir in Hamburg gemeinsam in das Flugzeug nach Frankfurt stiegen, reagierten die von Berufs wegen gelassenen Stewardessen ziemlich irritiert: Uusaqqaq trug nicht nur seine mächtigen Eisbärenfellhosen samt Fellstiefeln – er hatte auch Harpune und Lanze dabei. Denn unmittelbar nach der Landung in Frankfurt sollte er ins ZDF-Studio, wo er in voller Jagdmontur den Zuschauern der *tele-illustrierten*

Für viele Grönländer ist die Robbenjagd nicht nur Broterwerb sondern auch ein Stück ihrer Kultur.

Das Küstenmeer sorgt als Lebensraum der Robben und Wale noch immer für das tägliche Fleisch der fast 2000 Fängerfamilien.

den wichtigen Unterschied zwischen traditioneller Jagd und Robbenschlagen erläutern sollte. Seine Ausrüstung durfte deswegen gar nicht erst im Gepäckraum verschwinden.

»Wir Grönländer waren niemals am Robbenschlagen beteiligt«, stellte er vor der Kamera klar. »Wir schießen oder harpunieren nur ausgewachsene Tiere, weil es uns ums Fleisch geht. Aber wir brauchen auch Geld. Und da wir keine Felle mehr verkaufen können, stehen wir vor der Katastrophe!« Regierungschef Jonathan Motzfeldt, der den Gegenkreuzzug durch Europa selbst anführte, machte aus der Verbitterung seiner Landsleute keinen Hehl: »Wir begrüßen das wachsende Umweltbewußtsein der Europäer. Aber wir wehren uns dagegen, daß uns die öffentliche Meinung ohne unser Verschulden zu ihrem Opfer macht. Unwissenheit und Mißverständnisse in Europa dürfen nicht unsere alte Fängerkultur zugrunde richten!«

Motzfeldt, selbst Sohn eines Fängers, erinnerte damit an die zentrale Rolle der Robbe für den jahrtausendealten Überlebenskampf der Inuit. Sie hatte die Fleischtöpfe gefüllt, mit ihrem Tran für Licht und Wärme gesorgt, mit Haut und Fell für Kleidung, Zelte und Kajakbespannung, mit ihren Sehnen für Riemen und Nähgarn, mit den Knochen für Waffen und Werkzeug. Ohne die Robbe wäre menschliches Dasein am eisigen Rande der Welt nicht möglich gewesen. Sie bestimmte die materielle Kultur der Inuit – aber auch ihre soziale Struktur. Nur für kleinste Gemeinschaften, die weit genug voneinander entfernt lebten, reichte der jagdbare Robbenbestand.

Im September 1985 lud man den internationalen Koordinator der »Anti-Robben-Kampagne«, Allan Pickhauer, in das Fängerdorf Niaqornat ein, dessen 80 Bewohner allein von Jagd und Fang leben. »Hast du bei uns irgendwo ein Schwein grunzen oder eine Kuh brüllen hören oder wenigstens ein paar Hühner gesehen?« fragte Bürgermeister Johannes Tobiasson den Greenpeace-Funktionär bei der Begrüßung. »Aber du hast bemerkt, daß man am Hafen eine Robbe geflenst hat – wir haben nur die Robbe zum Leben, nichts als die Robbe.« Pickhauer bedauerte die »unbeabsichtigten Folgen« des Feldzugs gegen die Robbenschläger für die Urbevölkerung. Das habe man natürlich nicht gewollt – man habe wohl zu wenig über Grönland gewußt ...

Mit der Gründung der Tannery of Greenland, einer hochmodernen Großgerberei für völlig neuartige Pelzqualitäten, ging die Regierung in Nuuk (Godthåb) 1988 in die Offensive. Ein Jahr später verarbeitete man in Qaqortoq (Julianehåb) schon 53 000 Felle von Ringel-, Sattel- und Bartrobben sowie von Klappmützen. Doch 20 000 davon mußte man zu Spottpreisen als Schuhleder absetzen – mehr gab der Weltmarkt nicht her.

Die verlorengegangenen Märkte will man jetzt mit hohem Millionenaufwand vom ebenfalls neugegründeten Trade Center of Greenland zurückerobern lassen. Dabei setzt man vor allem auf die Künste des international anerkannten Modeschöpfers Lars Hillingsø, einem in Paris wirkenden Dänen. Er verwandelt die Felle aus Qaqortoq in exklusive Pelzmode. Eine Robe aus seiner Herbstkollektion 1990 wurde sogar offiziell zum Kunstwerk aufgewertet: Sie wurde vom Staatlichen Kunstfond Dänemarks angekauft – wegen der »Originalität ihres Designs und ihrer Bedeutung für die traditionelle Fängerkultur«. Mit der Creation Lars habe man 1990 zum ersten Mal wieder grönländische Pelzwaren auf dem deutschen, dem französischen und amerikanischen Markt absetzen, aber auch neu auf dem japanischen Markt Fuß fassen können, resumierte der Initiator der Offensive, Jens Bagger, nicht ohne Stolz. Aber generell gehe es mit dem Pelzgeschäft noch immer schlecht. Trotz aller Zusagen von Greenpeace gebe es von Unterorganisationen noch immer neue Angriffe gegen grönländische Robbenpelze. »Offenbar weiß in dieser Mammutorganisation die Linke nicht, was die Rechte tut...«

Als ich Uusaqqaq, der auch Abgeordneter im Inselparlament ist, 1990 in Nuuk wiedertraf, zog er eine druckfrische, halbseitige Zeitungsannonce aus der Tasche. »Vielleicht ist das ja unsere Zukunft«, meinte er bitter lächelnd. Die Anzeige von Royal Greenland (staatliche Exportgesellschaft) lautete: »Wir haben jetzt den Export von männlichen Robben-Geschlechtsorganen in den Fernen Osten aufgenommen, weil man da glaubt, daß sie als Sexualstimulans helfen. Angekauft werden nur unbeschädigte, mindestens 15 Zentimeter lange Organe – einzeln tiefgefroren in Klarsichtbeuteln. Ankaufspreis: 25 Kronen pro Stück.« Uusaqqaq schüttelte den Kopf: »Seit ein paar Jahren schicken wir den müden Männern in Korea oder Japan schon tonnenweise unsere Rentiergeweihe. Und jetzt das noch! Aber was bleibt uns? Als Nachbarn des Nordpols können wir kein Gemüse züchten und als Vegetarier leben...«

Daß die einstigen »Rohfleischfresser« alles andere als Vegetarier sind, hatte schon Grönland-Apostel Hans Egede bei seiner Vaterunser-Übersetzung ins Grönländische berücksichtigt. »Unser täglich Fleisch gib uns heute«, ließ er seine bekehrten Eskimos beten. Neben den Robben half ein weiterer Meeressäuger, daß diese Bitte trotz der Ungunst der arktischen Natur auch erfüllt wurde: der Wal. Doch auch bei der Jagd auf diesen traditionellen und unverzichtbaren Fleischlieferanten sieht man sich von einer weltweiten Tierschützerlobby bedrängt. Zwar erkennen auch die Grönländer an, daß gefährdete Arten durch strenge, internationale Fangverbote weltweit geschützt werden müssen, aber man hält die Internationale Walfangkommission (IWC), die sich selbst zum Hüter über die Meeresriesen gemacht hat, für mittlerweile zu indoktriniert. In ihren Entscheidungen werde die IWC von einem falschen ideologischen Umweltbewußtsein der am Walfang nicht interessierten Industrienationen dominiert. Dabei würden die natürlichen Lebensrechte der kleinen Polarvölker mit den kommerziellen Interessen des industriellen Walfangs in einen Topf geworfen. Das sei nichts anderes, wetterte der Vorsitzende der Fängerorganisation, Pavia Nielsen, als »eine grüne Form des Imperialismus, getragen von Umweltaktivisten mit dem Wal als Totemfigur«. Schließlich hätten die Grönländer, so Nielsen weiter, stets nur für die eigenen Kochtöpfe harpuniert und nicht, wie die Europäer, jahrhundertelang des Kommerzes wegen.

Dabei hat die IWC für die Grönländer auch bei ihrer jüngsten Sitzung im Juli 1990 im holländischen Seebad Noordwijk einen »begründeten Bedarf« von 650 Tonnen Walfleisch pro Jahr anerkannt und begrenzten Dispens von dem für zwei Jahre verlängerten totalen Walfang-Stopp erteilt. Damit bleibt es bei der Zwei-Jahres-Quote von 42 Finnwalen, die bis zu 65 Tonnen schwer werden können, und 190 Mink- oder Zwergwalen, die trotz ihrer Bezeichnung noch das stolze Gewicht von neun Tonnen erreichen können.

Aber noch 1982 hatte man in Grönland nach der offiziellen Statistik außer zehn Finnwalen und zwölf der heute total geschützten Buckelwale in einem einzigen Jahr 251 Minkwale verspeist oder an die Hunde verfüttert. Gerade die stark angewachsenen Zwergwalbestände würden nach Meinung der grönländischen Fänger wieder höhere Abschußquoten rechtfertigen, wobei man sich auf jüngste Expertisen von norwegischen und isländischen Meeresbiologen beruft.

»Es wimmelt in unseren Gewässern wieder von Walen – so viele haben wir schon seit Generationen nicht mehr beobachtet, auch ganze Schulen großer Bartenwale«, erregte sich Pavia Nielsen. »Unsere Fänger haben Videoaufnahmen davon geschossen – mit der Harpune durften sie ja nicht!« Daß dennoch mancher geschützter Buckel – und Seiwal illegal gefangen wird oder der eine oder andere Finn- und Minkwal über die zugeteilten Lizenzen hinaus, ist ein offenes Geheimnis. Die Regierung in Nuuk hat alle Fänger, Fischer und Schiffer mit großen Plakaten ausgerüstet, die exakt die charakteristischen Unterscheidungsmerkmale der verschiedenen Walarten zeigen – bis hin zur Form der ausgeblasenen Fontäne. Mit einer Verwechslung kann sich keiner mehr herausreden. Aber auch Geldbußen, die nicht bezahlt werden, oder die Konfiskation der »illegalen« Fleischberge zugunsten von Altersheimen und Krankenhäusern können das angeborene Jagdfieber der Inuit nicht immer unterdrücken. So warnten die Behörden öffentlich, den ohnehin schon lädierten Ruf Grönlands als eines der letzten Walfangländer durch illegale Abschüsse nicht noch weiter zu ruinieren. Das liefere nur denen Munition, die in der IWC schon länger darauf warten, nun auch noch die Hand auf die bisher frei bejagbaren Kleinstwale zu legen – auf Narwale und Belugas.

Der immerhin noch bis zu 2000 Kilogramm schwere Narwal wurde schon zu Wikingerzeiten wegen seines langen, gedrehten Elfenbein-Stoßzahnes gejagt. Auch heute noch bringt ein solches »Einhorn« dem Jäger seine 2000 Mark – was immerhin ein kleines Vermögen ist. Aber genauso gefragt ist die Haut, besonders die der Nackenpartie. Sie wird als kleingewürfelter *mattaq* roh gegessen – eine besondere Delikatesse für die Eskimos. Aber er war zugleich auch wegen seines hohen Vitamin-C-Gehalts seit Urzeiten ein natürlicher Schutz gegen Skorbut. Eingedenk dieser Tatsache kaute ich tapfer auf meinem ersten *mattaq*-Würfel, der es an Zähigkeit durchaus mit jeder Stiefelsohle aufnehmen konnte. Doch nach längerem Kampf mit meinen Zähnen entwickelten Walhaut und -speck einen köstlichen Geschmack vergleichbar mit dem von Paranuß und Avocado.

Tuttu – das Rentier! Ende Juli werden die Männer in Maniitsoq (Sukkertoppen) oder Nuuk an ihren Fließbändern oder Schreibtischen unruhig: Die Jagdleidenschaft bricht durch. Denn vom 1. August an ist die Jagd auf den genügsamen Tundrabewohner freigegeben – da ist der Fleischvorrat für die eigene Tiefkühltruhe für ein paar Tage wichtiger als die Arbeit. Und für die Geweihe gibt es bares Geld. 70 Kronen zahlen die Aufkäufer für das Kilo – die müden Männer in Nagasaki, Pohang oder Hongkong machen es möglich.

Als ich 1969 zum ersten Mal das Dorf Isortoq inmitten der mächtigen Eisberge der Ostküste besuchte, hatte mir der alte Jäger Masanti stolz von den 63 ausgewachsenen Eisbären erzählt, die er in seinem Leben erlegt hatte. Damals war die Jagd auf *nanoq,* den »König der Arktis«, noch frei für jedermann.

Zwei Eisbärenschädel bleichen auf der Wäscheleine. Der »König der Arktis« wird an der Ostküste und im Gebiet um Qaanaaq (Thule) gejagt. Im Jahr werden auf Grönland etwa 120 Eisbären erlegt.

Heute dürfen nur Einheimische, die allein von der Jagd leben, Bären schießen – um die 125 werden im Jahr auf der Insel erlegt. In den kleinen Siedlungen wie Isortoq ist die Jagd auf den Eisbären, der zu den größten Landraubtieren der Erde zählt, für den erfolgreichen Schützen noch immer mit sozialem Prestige verbunden – nicht aber in jedem Fall auch mit dem größten wirtschaftlichen Nutzen, denn das kostbare Fell steht nicht ihm zu, sondern dem *nannitteq* – dem, der den Bären als erster gesehen hat. In Isortoq war das sogar einmal ein dreijähriges Mädchen. Immerhin zahlt »Royal Greenland« für jeden Meter Fell vom Schwanzende bis zur Nasenspitze 3300 Kronen – Zweieinhalb-Meter-Bären sind keine Seltenheit.

Für jeden fünften Grönländer spielt der traditionelle Broterwerb als Fänger oder Jäger noch immer eine wichtige Rolle. Jeder zwölfte lebt allein von der Jagd – trotz des gewaltigen Sprunges des Landes in das Industriezeitalter.

Es war nur ein einziges Grad Celsius, um das sich das Meer vor Südgrönland vor siebzig Jahren erwärmte. Doch bei der Empfindsamkeit der arktischen Natur veränderte diese »Lapalie« die Lebensbedingungen für die

Grönländer geradezu dramatisch. Die Erwärmung um ein Grad hatte den Schwebeorganismen des Planktons nicht mehr behagt – die gesamte an diese Einzellern hängende Nahrungskette brach zusammen. Daraufhin verschwanden die Robben in Richtung Norden – der Dorsch hielt Einzug in das wärmere Küstenmeer. Das war der Anfang vom Ende des archaischen, autarken Jägerdaseins. Fischerei konnte man nicht mehr als Naturalwirtschaft betreiben – in ihrem Gefolge kam die Geldwirtschaft nach Grönland.

Als die Dänen 1953 die Kolonie Grönland zur Nordprovinz des Königreiches machten, und dafür nach einer wirtschaftlichen Basis suchten, setzten sie ganz allein auf die Trumpfkarte Gadus morrhua – den Dorsch, der gerade zu der Zeit in scheinbar unbegrenzten Mengen vor der Küste schwamm.

»Wir waren damals überzeugt, daß wir nur kräftig in Trawler, Häfen, Fischfabriken und genügend Wohnungen für die Arbeiter investieren müßten, damit die Grönländer selbst Anteil am reichen Segen ihres Meeres hätten«, erinnerte sich der langjährige Direktor des Königlich Grönländischen Handels, H. C. Christiansen. Entsprechend verfuhr man, um der neuen Provinz zum wirtschaftlichen Aufschwung zu verhelfen. Doch der launische *saarullik,* der Dorsch oder Kabeljau, zeigte wiederholt sehr drastisch, wie gefährlich es bei dem schwankenden Klima ist, die gesamte Wirtschaft allein auf seine ständige Anwesenheit zu bauen. Dennoch setzte man auch beim Übergang zur Autonomie 1979 ganz auf den weltweit gefragten Fisch, zumal man die Fanggründe durch die 200-Meilen-Wirtschaftszone auf ein Vielfaches ausgedehnt hatte. Im Vertrauen auf den *saarullik* kehrte man der EG den Rücken. Man war überzeugt, daß die Millionenschwärme nicht nur ausreichen würden, die Netze der eigenen auf 13 Trawler ausgebauten Hochseeflotte zu füllen. Man verkaufte zusätzlich auch riesige Fangquoten teuer an die EG.

Die Walknochen im Hafen von Qeqertarsuaq (Godhavn) sind die Reste eines 15 Meter langen Wals. Grönländer dürfen als arktisches Urvolk trotz des weltweiten Fangverbotes im Jahr 20 Finn- und 80 Zwergwale erlegen. Aber diese Quote reicht ihnen nicht. Sie bedeutet 350 Tonnen Fleisch weniger als im Jahr 1985.

Doch es gab immer wieder bedenkliche Rückschläge für die Fischerei. Das Klima änderte sich mehrmals in kurzen Intervallen und mit ihm die Temperatur des Meeres. Die Größe der Bestände schwankte erheblich. Das ganze Kabeljau-Abenteuer gab sich als gigantische Fehlinvestition, wenn der Fisch wieder einmal vor den Küsten verschwunden war. Aber noch 1987 sagte die FAO, die Ernährungsorganisation der Vereinten Nationen, den Grönländern für 1990 den endgültigen Durchbruch in die Profitzone voraus, wenn nur erst der besonders geburtenstarke Jahrgang 84/85 fangreif wäre. Doch jener Jahrgang dachte gar nicht daran, in die grönländische Netze zu gehen. Er schwamm zur Überraschung der meisten Meeresbiologen zum Laichen dorthin zurück, woher er selbst – als Fischbrut mit der Strömung treibend – einmal gekommen war: in die Fischereizone der Isländer.

Diese konnten dank des erstmals beobachteten home instinct des Kabeljaus 1990 Rekordfänge registrieren – in Grönland blieben die Netze leer. Die Trawler mußten in der Hauptfangzeit aufgelegt werden, in den Fischfabriken standen die Fließbänder still. Es herrschte Katastrophenstimmung. Und die Meeresbiologen durchkreuzten jeden Optimismus für die Zukunft. Der Jahrgang 1990 als fünfter in der Reihe war mehr als schwach. Das ganze Wirtschaftsgefüge der Insel geriet heftig ins Wanken. Regierungschef Motzfeldt, überzeugter EG-Gegner, mußte sogar die halbe Rückkehr in die EG ankündigen – als assoziiertes Mitglied, doch mit Zugriff auf die Hilfskassen der Gemein-

schaft. Denn Brüssel, so Motzfeldt, werde sicher nie wieder so teure Lizenzen für unsichere Kabeljau-Quoten kaufen.

In den letzten Jahren schien es so, als würde die Rote Tiefseekrabbe die Rettung für die gefährliche Mono-Ökonomie bringen. Denn Pandalus borealis, der mit vier Jahren sein männliches Geburtsgeschlecht gegen das weibliche tauscht, wurde mit seinem besonders festen und mineralsalzhaltigem Fleisch in wenigen Jahren zum Exportschlager. 1989 stammte fast ein Drittel des gesamten Ausfuhrerlöses von der Krabbe. Von 1984 bis 1987 stieg der Fang von 47 000 auf 83 000 Tonnen.

Man sprach euphorisch vom »roten Gold des Meeres«. Ein Dutzend Krabbenfabriken entstand entlang der Küste; die Regierung kaufte zwölf moderne Hochseetrawler, die meisten mit Verarbeitungs- und Gefrieranlagen an Bord. Private Trawler und eine ganze Flotte kleiner Kutter kamen hinzu. Die Japaner zahlten mit 150 Kronen für ein Kilo besonders roter Qualitäts-Krabben Traumpreise – sie schickten sogar ihre eigenen Kontrolleure mit auf die Fangreisen.

Aber 1990 purzelten die Weltmarktpreise für Krabben. Und gleichzeitig mehrten sich die Alarmrufe der Biologen, daß die Bestände trotz der von ihnen selbst empfohlenen Quoten rapide abgenommen hätten. »Vom Rekordjahr 1987 bis 1990 ist die Fangrate – also die Fangmenge in einer bestimmten Zeit – um 30 Prozent gesunken«, warnte Staatsbiologe Hans Larssen von Grönlands Fischereiuntersuchung. Der Grund: Überfischung trotz der Quoten.

Stockfisch dient als Wintervorrat für Mensch und Hund. Die reichen Fischbestände des arktischen Meeres wurden in den sechziger Jahren zum eigentlichen Fundament der grönländischen Wirtschaft.

»Natürlich halten wir die Quoten ein – wir werden doch streng kontrolliert«, erzählte mir der von den Färöer-Inseln stammende Skipper eines grönländischen Trawlers, der auf dem Rückflug nach Kopenhagen im Sessel neben mir seinen dritten doppelten Whisky geleert hatte. »Aber unser Reeder will Geld sehen – koste es, was es wolle. Daher besteht unser Fang bei der Anlandung auch nur noch aus den allerbesten, größten Krabben. Das läßt den Wert unserer Quotenmenge um ein Drittel in die Höhe klettern. Das Kleinzeug fliegt gleich wieder über Bord, tot natürlich.« Auf 20 bis 25 000 Tonnen im Jahr schätzt Hans Larssen die Menge der so vernichteten, illegal gefischten Krabben. »Nach den Erfahrungen mit dem Kabeljau sollten wir rechtzeitig daran denken, daß auch das ›Gold des Meeres‹ nur endlich ist!« mahnte der Biologe eindringlich.

Grönlands Küste ist mit 39 000 Kilometern fast so lang wie der Äquator. Sein Schelfmeer mißt mehr als eine halbe Million Quadratkilometer – was der doppelten Größe der ehemaligen Bundesrepublik entspricht. Dennoch bietet das Meer keine gesicherte Grundlage, um Grönlands 55 000 Menschen mit Brot und Arbeit zu versorgen. Zuviel hängt von den Launen des arktischen Klimas ab. Das gilt auch für den landwirtschaftlich nutzbaren Küstenstreifen der Insel. Die Inuit haben das in ihrer Geschichte immer wieder spüren müssen. Die Wikinger des roten Erik konnten vor tausend Jahren in Südgrönland noch Landwirtschaft mit Kühen und Schafen betreiben. Nach knapp 500 Jahren verschwanden die Nordleute spurlos, nicht zuletzt, weil eine Kältewelle der Viehzucht ein Ende setzte. Auf den Wikingerweiden grasen auch heute wieder Schafe. 50 Familien leben im Gebiet von Narsaq, Nanortalik und Qaqortoq von ihrer Zucht. Andere, nennenswerte Landwirtschaft läßt die ganze Rieseninsel nicht zu. Im Winter 1966/67 ließen vereiste Weideflächen die Hälfte der fast

50 000 Mutterschafe elend zugrunde gehen. Im Winter 1975/76 starb ein Viertel des Bestandes von 20 000 Tieren. Von 1986 bis 1988 sank das Jahreseinkommen der Schafzüchter von 70 000 auf 30 000 Kronen (7500,-- DM).

Wo immer ich 1990 auf der Insel die Frage nach der wirtschaftlichen Zukunft für die 55 000 Grönländer stellte, begegnete mir ratloses Achselzucken. Die Fischerei kämpfte um ihre Existenz. Der größte Betrieb, die Blei- und Zinkmine Schwarzer Engel, hatte seine Tore für immer geschlossen. Die Amerikaner hatten im Zeichen der Ost-West-Entspannung angekündigt, sie würden ihren Luftwaffenstützpunkt Søndre Strømfjord bis 1992 räumen und die meisten ihrer Soldaten aus Thule abziehen. Das bedeutet nicht nur den Verlust von 1000 zivilen Arbeitsplätzen sondern auch den Verzicht auf jede vierte Steuerkrone.

»Die Zeit der Illusionen ist wohl endgültig vorbei«, lautet seine nüchterne Bestandsaufnahme. »Wir haben einsehen müssen, daß Grönland nicht von Fisch, Robben oder Walen leben kann. Das wäre eine Lebenslüge. Der Rettungsanker für uns können wirklich nur unsere Bodenschätze sein. Und da sind wir ganz auf ausländische Investoren angewiesen.« Man weiß, daß im Boden der Insel Gold und Platin, Öl und Uran, Zirkonium und Molybdän und ein weiteres Dutzend seltener Rohstoffe darauf warten, ans Tageslicht geholt zu werden. Nur hat sich bisher niemand gefunden, der diese Schätze heben will. Denn da gibt es noch erhebliche Probleme: solche, die die arktische Natur bereitet, aber auch hausgemachte politische. Letztere, versichert der Regierungschef, werde man so schnell wie möglich beseitigen. Die ersteren seien eine Herausforderung an die Technologen.

Hoch überragt der für Uummannaq, die »Herzförmige«, (Dundas) charakteristische Berg die alten Wehranlagen des Hafens. Er hat die Form eines mit der Spitze nach oben gerichteten Herzens, das für die Grönländer ein Robbenherz ist.

DIE EISIGE SCHATZKAMMER DES SATURN

Grönland ist mit seltenen Rohstoffen reich gesegnet, doch niemand beutet sie aus

Grönland sorgte im November 1990 für Schlagzeilen in der dänischen Presse: »Gold und Platin für Milliarden«, las man da oder »Goldfieber im Eis«. Denn – Prospektoren der kanadischen Minengesellschaft Platinova hatten am verrufenen »Hintern Grönlands«, wie die Westküstenbewohner die Ostküste nennen, eines der wohl größten Edelmetall-Vorkommen der Welt angebohrt.

Schon 400 Jahre vor den Profis aus Toronto hatte der britische Seefahrer Sir Martin Frobisher Gold auf Grönland entdeckt. Eigentlich hatte Königin Elisabeth I. ihn 1576 auf die Reise geschickt, den nördlichen Seeweg nach China zu suchen. Doch er kam nur bis Grönland. Dort fand er »eine Art von Sand, welcher von Gold glitzerte« und nahm 300 Tonnen davon mit nach England. Damit schien die Legende bestätigt, daß »friesische Schiffsleute zu Zeiten Olavs von Norwegen einen Haufen Metallsteine, woraus viel Gold und Silber geglitzert«, aus dem Hohen Norden heimgebracht hätten. Dabei seien sie von »gantz mißgestaltigen, abscheulichen Leuten, beinahe von teuflischer Gestalt verfolgt und einer der Schiffsleute gar vor aller Augen in Stücke gerissen worden«. Gott Saturnus selbst, so vermutete der Chronist, »habe allhier seine Schätze verborgen – allein, das Land ist von lauter Teufeln bewohnt«.

Sechzig Jahre später schickte die Grönländische Gesellschaft zu Kopenhagen ein Schiff nach Grönland. Dessen Kommandeur fand »Sand und Farbe und Schwärtze dem Golde gleich, füllte damit sein Schiff und versicherte seinen Leuten, daß sie fortan allesamt reich wären«. Doch der Reichskanzler in Kopenhagen, dem man eine Probe aushändigte, befahl einige Tage später, die ganze Fracht im Øresund zu versenken. Seine Goldschmiede hätten daraus nicht ein einziges Gran Gold abzuscheiden vermocht. Der Schiffer nahm sich das so zu Herzen, daß er »kurz hernach für Bekümmernis starb«. Wenig später hat allerdings ein »wohlerfahrener Goldschmied aus Norwegen gantz fein Gold daraus geschieden und zwar nach Maß des Sandes eine ziemliche Menge«. Nach dieser frühen Jagd auf das begehrte Gold begann die planmäßige Ausbeutung der grönländischen Bodenschätze erst Mitte des vorigen Jahrhunderts.

vorhergehende Doppelseite: Die Lavainsel Disko mit ihren typischen Tafelbergen und Basaltklippen birgt noch manchen Bodenschatz. Ihre warmen Quellen begünstigen das Wachstum einer reichen arktischen Flora.

»Möchten Sie das größte Loch der Insel sehen?« hatte man mich gefragt, als wir in Kangilinnguit (Grønnedal) auf die Fischereiaufsichts-Fregatte »Hvidbjørn« warteten. Wir fuhren die fünf Kilometer nach Ivittuut. Der Weg endete an einem riesigen Kratersee. Hier hatte man 1860 mit dem Abbau von Kryolith begonnen, dessen griechischer Name Eisstein bedeutet. Die Grönländer pflegten mit dem geriebenen Eisstein ihren Schnupftabak zu verlängern. Die richtige Nase aber hatte der Däne Julius Thomsen, der vor gut hundert Jahren eine Methode erfand, aus dem Mineral Soda herzustellen. Das große Geld aber wurde mit dem Aufblühen der Aluminium-Industrie verdient: Sie brauchte Kryolith als Katalysator. Da Ivittuut die größte Lagerstätte der Welt war, sicherten sich die Amerikaner im Zweiten Weltkrieg den Zugriff auf die Rohstoffquelle, denn sie brauchten Aluminium dringend für die Flugzeugproduktion. Nach dem Abbau von über zwei Millionen Tonnen reinen Kryoliths stellte man die Förderung 1962 ein – zurück blieb das größte Loch der Insel.

Daß die riesige »Tiefkühltruhe« der Arktis mit Rohstoffen reich gefüllt ist, hat sich in letzter Zeit immer wieder gezeigt. Als der Herrgott zum Verteilen der Bodenschätze über den Erdball flog, erzählt eine Legende aus Jakutien, habe er in der ostsibirischen Kälte so steife Finger bekommen, daß er alles auf einmal fallen ließ: über Jakutien. Diese Sowjetrepublik hat mit die größten Gold- und Platinlagerstätten, Diamentenfelder wie Südafrika sowie unvorstellbare Gas- und Kohlevorkommen in ihrem tiefgefrorenen Boden. In der North Slope in Alaska warten 150 Milliarden Tonnen auf den Abbau. Nicht weit davon, an der Prudhoe Bay, hat man ein Förderfeld mit 20 Billionen Kubikmetern Gas und 10 Milliarden Barrel Öl erschlossen. In Kanada wurde im September 1990 beschlossen, 5,2 Milliarden Dollar in das Offshore-Ölfeld Hibernia vor der Küste Neufundlands zu investieren. Bei diesem Megaprojekt geht es um gut 700 Millionen Barrel Öl – das sind 111 300 000 000 000 Liter!

Allein die Hälfte aller Ölvorräte der Welt lagert nördlich des Polarkreises, wurde auf der Polartech 90 mitgeteilt. Auf dieser Konferenz berieten die Experten aus 14 Ländern die Möglichkeiten und Risiken der Erschließung der arktischen Rohstofflager. Daß Saturn seinen Schatz auch auf Grönland verborgen hat, machte dabei Karsten Secher, der Leiter des Dansk Polarcenter, deutlich: Die Insel könnte fast alle Rohstoffe liefern – Gold, Platin, Silber, Wolfram, Nickel, Chrom, Niob, Molybdän, Titan, Kupfer, Zink, Eisen, Uran, Kohle, Öl, dazu ein Dutzend Edelstein-Varietäten, bis hin zu Diamanten. Die Frage sei nur, wann die Weltmarktpreise die überaus teure Erschließung, den Abbau und Abtransport unter den extremen Bedingungen der Arktis lohnend machten.

Im Mai 1990 brachte die Zeitung *Atuagagdliutit* eine ungewöhnliche Stellenanzeige. Die Minengesellschaft Greenex suchte für ihre Mitarbeiter neue Arbeitsplätze. »Wir schließen unsere Zink- und Bleimine Schwarzer Engel in Maarmorilik, 500 Kilometer nördlich des Polarkreises, nachdem wir in 18 Jahren elf Millionen Tonnen Erz gefördert haben und das Vorkommen damit erschöpft ist«, hieß es zur Begründung. Als ich den Schwarzen Engel im Sommer 1974 besuchte, landete unser Helikopter in einem stillgelegten Marmorbruch, in den man eine moderne Grubensiedlung gesetzt hatte. Von hier aus war 1930 der deutsche Geophysiker Alfred Wegener, dem die Welt die Theorie von der Kontinentalverschiebung verdankt, zu seiner Forschungsstation Eismitte aufgebrochen. Auf dem 400 Kilometer langen Rückweg über das Inlandeis hatte Wegener 1930 den Tod gefunden.

500 dänische, kanadische und Schweizer Ingenieure, Techniker und Handwerker hatten den ganzen Sommer 1972 rund um die Uhr gearbeitet, um das ungewöhnliche Bergwerk in Rekordzeit fertigzustellen. Spezialisten aus der Schweiz mußten eine 1800 Meter lange Seilbahn bauen, denn das Erz lag in 700 Meter Höhe hinter einer fast senkrecht am jenseitigen Fjordufer aufsteigenden Felswand. Mit akrobatischen Bergsteigerkünsten und gewagten Helikoptertransporten hatten die Schweizer eine Arbeitsplattform in schwindelerregender Höhe an der Felswand befestigt. Von dort aus sprengte man einen Tunnel ins Berginnere. Bohr- und Räumfahrzeuge wurden vom Helikopter in Einzelteilen in den Tunnel geflogen. In einer Felsenhalle in 520 Meter Höhe entstanden ein Brechwerk für das Gestein und weitere Produktionsanlagen, in denen das Erz zu Konzentrat verarbeitet werden konnte.

»Lohnen sich denn die gewaltigen Investitionen, wenn die Lagerstätte schon in fünfzehn Jahren erschöpft ist?« wollte ich von

Am Rande des Inlandeises türmen sich riesige Sanddünen.

Greenex-Direktor Erik Sprunk-Jensen wissen. Wir schwebten schon eine gute Viertelstunde mit der Seilbahn über dem Fjord dem Riesenloch in der Bergwand entgegen. »Das lohnt sich immer, selbst dann noch, wenn wir hier zwei, drei Mal teurer produzieren als in angenehmeren Gegenden auf dem Erdball«, antwortete er. »Wenigstens solange die Weltmarktpreise stimmen.«

Sie stimmten bis 1985. Bis dahin hatte Greenex mehr als eine halbe Milliarde Kronen (130 Millionen DM) verdient. Aber dann litt der Dollar plötzlich an Schwindsucht, und die Zinkpreise auf dem Weltmarkt sanken rapide. Der kanadische Haupteigner beschloß, den Schwarzen Engel stillzulegen – der Konkurs drohte. Für einen Spottbetrag kaufte die schwedische Boliden A/S die Mehrheitsaktien. Die Schweden konnten mehr als zufrieden sein. Da die Preise wieder in die Höhe schnellten, verdienten sie in den fünf Jahren bis zum Aus für die Mine ebenfalls eine knappe halbe Milliarde Kronen.

Das Ende für den Schwarzen Engel am 24. Juli 1990, 15 Uhr 55, war zugleich das Ende für jeglichen Bergbau auf Grönland. Denn zum ersten Mal seit dem Beginn des Kryolith-Abbaus standen alle Förderbänder still,

auf einer Insel, die der Herrgott offenbar schon vor seinem unfreiwilligen Endsegen über Jakutien so reich mit Rohstoffen bedacht hatte. Dafür sprechen jedenfalls die Erfolgsmeldungen bei der intensiven Erkundung des grönländischen Untergrunds durch Dutzende von wissenschaftlichen Expeditionen, von Explorationstrupps der internationalen Montankonzerne und von Teams der dänischen GGU-Behörde (Geologische Untersuchung Grönlands).

»Das ist ein spannendes Stück Detektiv-Arbeit – vom Studium historischer Expeditionstagebücher bis hin zur Nutzung der Satelliten-Technik«, schwärmt GGU-Direktor Martin Ghisler. Er sieht die geologische, geochemische und geophysische Erschließung dieses Kontinents vor dem Hintergrund der weltweit knapper werdenden Rohstoffe als eine einmalige Herausforderung an.

Heute sucht man nach den roten Rosthorizonten, die ein Zeichen für das Vorkommen von Eisenerz sind, nicht mehr auf wochenlangen Fußmärschen, sondern auf systematischen Flügen mit dem Helikopter. Bei geophysischen Erkundungen wird radioaktive Strahlung bestimmter Rohstoffe mit dem Gamma-Spektrometer registriert, und dort, wo man nach Lagerstätten unter dem Eispanzer fahndet, werden nach Art von fliegenden Minensuchern die elektromagnetischen Wellen der Erzvorkommen auf Band gespeichert und in Multispektralscannern vielfarbig sichtbar gemacht. Satelliten-Fotos sind längst zu unentbehrlichen Hilfsmitteln für die Mineralogen geworden. Ohne diese großflächige Erkennung wäre die Suche in der unendlichen Weite Grönlands die berühmte Suche nach der Nadel im Heuhaufen.

vorhergehende Seite: Grönland ist ein Paradies für Geologen. Hier findet man die ganze Gesteinspalette: von junger Lava – wie dieses Felsentor auf der Disko-Insel – bis zum ältesten Urgestein der Erde, dem fast vier Milliarden Jahre alten Gneis vom Nuukfjord.

Mit dem »fliegenden Minensucher« fand man ein riesiges Eisenerz-Lager bei Issua am Ende des Nuukfjordes, unmittelbar am Rande des Inlandeises. Eisen wurde schon vor über tausend Jahren auf der Insel genutzt: Die Inuit hämmerten sich aus Abschlägen von Meteoriten, die vor allem im Gebiet der Mellville-Bucht gefunden wurden, Pfeil- und Harpunenspitzen – aus Eisen, das vom Himmel fiel. Der Fund von Issua mit seinen zwei Milliarden Tonnen Erz war Anlaß für euphorische Visionen. Alle Produktionsanlagen sollten – um der extremen Kälte am Eisrand zu entgehen – in den Berg hineingebaut werden. Das Erz sollte, zu Staub gemahlen, mit Wasser 100 Kilometer weit durch eine Rohrleitung zum Hafen gepumpt werden. Eine neue Stadt für 12 000 Menschen wäre notwendig. Ein Gletscherkraftwerk mit einer Leistung von 180 Megawatt sollte alles mit Energie versorgen. Eine Milliarde Dollar würde das Unternehmen kosten. Nur: Kein internationaler Konzern war bisher bereit, die Milliarde zu investieren. Noch fördert man Eisen woanders billiger als am Ewigen Eis.

In den Stauning-Alpen in Ostgrönland kennt man seit 1959 das zweitgrößte Molybdän-Lager der Welt. Das seltene Edelmetall wird für Legierungen in der Luft- und Raumfahrttechnik gebraucht. Wegen der Lage an der schiffahrtsfeindlichen Ostküste hatte man ein Kernkraftwerk im Fels zur Deckung des riesigen Energiebedarfs geplant. Das gewonnene Erz sollte – bereits eingeschmolzen – per Flugzeug auf das benachbarte Island transportiert werden. Nur: Grönland-Molybdän ist noch zu teuer. Nicht anders sieht es mit einem großen Chromvorkommen bei Fiskenaesset, mit Niob aus dem Paradiestal oder Schwerstein (Scheelit) von der Ostküste aus. Alles sind hochwertige und gesuchte Metalle, bei denen man eines Tages sicher auch auf die grönländischen Vorrats-

Vor der Westküste Grönlands, unter der Davisstraße, vermuten die Geologen riesige Ölfelder.

kammern zurückgreifen wird. Nur wann – das kann niemand sagen.

Unter der kleinen Stadt Narsaq, nahe dem Landeplatz Eriks des Roten, fand man schon vor Jahren Zirkonium, das man weltweit für den Bau von Flugzeugmotoren und Raketentriebwerken braucht. Bisher wartete man in Narsaq vergeblich auf Interessenten. Dabei hatte die Stadt schon einmal ihre Hoffnung auf bessere Zeiten begraben müssen, denn im nahen Kvanefjeld hatte man in den siebziger Jahren mit Hilfe der EG ein Vorkommen von 40 000 Tonnen Uranoxyd erschlossen – zur Versorgung der europäischen Kernkraftwerke. Doch die weltweite Anti-Atom-Bewegung hatte auch vor dem Ewigen Eis nicht halt gemacht. Die Arbeiten im Kvanefjeld wurden eingestellt, die Stolleneingänge vermauert. In der sicheren Erwartung einer strahlenden Zukunft hatte Narsaq seine Hauptstraße zu früh auf den Namen des Atomphysikers Niels Bohr umgetauft.

Als die Golfkrise im Herbst 1990 die Londoner Goldnotierungen nach oben trieb, beobachtete man das in Grönland mit besonderer Spannung. Würde damit in Toronto der Startschuß für das Goldabenteuer an der grönlänischen Ostküste fallen? Denn nach

Ein gutes Dutzend besonders seltener Rohstoffe wartet im Fels der Insel darauf, abgebaut zu werden. In vielen Siedlungen an der Küste könnte der Bergbau für Arbeit und Brot sorgen. Noch aber warten die ausländischen Investoren ab.

ersten kleineren Erfolgen im vorausgegangenen Jahr waren die Prospektoren der Minengesellschaft Platinova im Sommer 1990 wirklich auf die Schatulle Saturns gestoßen. Auf Kap Edvard Holm hatten sie eine Lagerstätte ausgemacht, wo voraussichtlich 8000 Tonnen reines Platin – Wert: 110 Milliarden US-Dollar – und 6000 Tonnen pures Gold für weitere 6,5 Milliarden Dollar zu holen sind. »Ein sogenanntes Mega-Vorkommen«, urteilte der Geologe C. Kent Brooks von der Kopenhagener Universität.

Vor allem wegen der überraschend großen Mengen von Platin, das als Katalysator in der Industrie gefragt ist, sind die Aussichten für einen Abbau nach seiner Meinung ausgesprochen günstig. Der Kangerlussuaqfjord, an dessen Ausgang die Lagerstätte liegt, ist für gut zwei Monate im Jahr schiffbar. Die extreme Kälte in dem arktischen Eldorado sei – so Brook – ein technisch zu meisterndes Hindernis. »Die unmenschliche Hitze im tropischen Regenwald von Venezuela, wo man auch Gold gräbt, ist viel schlimmer!«

Vorsorglich hat Regierungschef Jonathan Motzfeldt schon in Reykjavik angeklopft, ob man die Goldgrube nicht mit einer Luftbrücke vom nahen Island aus versorgen könnte. Das wäre billiger, als den Nachschub mehr als 1000 Kilometer weit übers Inlandeis zu fliegen. Diese Fürsorge überraschte, denn bis dahin hatte Motzfeldts Regierung Interessenten aus dem internationalen Montan-Busineß mit »fast schon kriminellen« Konzessionsbedingungen, so der Experte Allan Grierson vom Londoner Imperial College, eher abgeschreckt als eingeladen.

Der plötzliche Kurswechsel hatte seine Gründe: Nach dem Ende des Schwarzen Engel flossen 1990 keine Förderabgaben mehr in die stets leere Landeskasse. Der Fischerei ging es zur selben Zeit schlechter als je zuvor, weil der Dorsch aus den grönländischen Fanggebieten verschwunden war – und außerdem war im April 1990 eines der ganz großen Zukunftsprojekte im letzten Moment geplatzt, weil sich dessen Betreiber durch rigorose Auflagen aus Nuuk (Godthåb) zu sehr geknebelt sahen. Dabei war es um das Schwarze Gold gegangen, um Erdöl, das man – ebenfalls an der Ostküste – in großen Mengen gefunden hatte.

Es war im Sommer 1977: Zwei bullige Hochseeschlepper mühten sich unter unserem Hubschrauber, einen Eisberg von der Größe einer mittleren Kathedrale von seinem Weg abzubringen. Ein paar Minuten später landeten wir auf dem Bohrschiff »Sedco 709«. Der mit allen technischen Raffinessen ausgestattete Ölsucher hatte die ersten Löcher kilometertief in den Meeresgrund der Davisstraße vor der grönländischen Westküste gedrillt. Eisberge auf Kollisionskurs konnte er dabei nicht gebrauchen.

Mitte der siebziger Jahre hatte sich Grönland nämlich schon einmal an der Schwelle zum Ölzeitalter gesehen. Das Ölfieber der Arktis, das am 18. Juli 1968 mit dem ersten schwarzen Strahl aus einem Bohrloch an der Prudhoe Bay, Alaska, ausgebrochen war, hatte auch auf die Eisinsel übergegriffen. Die Seismologen hatten in der Davisstraße ähnliche Bodenstrukturen aufgespürt wie in den neuen kanadischen Fundgebieten – Grönland und Kanada gehörten bis zum Auseinanderdriften im Tertiär zum selben Kontinent. Außerdem hatten schon die Wikinger »brennende Berge« an den Küsten beobachtet: sich selbstentzündenden Bitumenschiefer, der in Jahrmillionen aus Faulschlamm der Urlebewesen entstand, der Stoff, aus dem auch das Öl ist.

Als der dänische Grönlandminister J.-P. Hansen 1976 in Kopenhagen die ersten Suchkonzessionen für die Davisstraße vergab, hatten die Ölmultis – selbst aus dem Iran – Schlange gestanden. Zwanzig Unternehmen steckten dann dreistellige Millionenbeträge in die Suche. So teuer war bisher nirgendwo gebohrt worden, denn die Armada aus driftenden Eisbergen stellte allerhöchste Sicherheitsanforderungen.

So war Cliff Martin auf der »Sedco 709« der wichtigste Mann nach dem Kapitän und dem Koch: Er »hütete« die Eisgiganten. Sorgfältig registrierte er Kurs, Geschwindigkeit und Größe der weißen Ungetüme – Daten lieferten ihm unter anderem auch Eisaufklärer der dänischen Luftwaffe. Im Notfall konnte die »Sedco 709« in wenigen Minuten die Flucht ergreifen, denn statt der dicken Ankerketten wurde sie von ständig laufenden Motoren mit 20 000 PS exakt über dem Bohrloch gehalten. Ein Elektronengehirn steuerte dabei die acht Propeller an allen vier Ecken des Schiffes. Sonargeräte und Unterwasserkameras machten das Wiederfinden des Bohrbrunnens und das Neuankoppeln zu einer Sache von wenigen Stunden.

Auf den Reißbrettern der Offshore-Techniker entstanden bereits futuristische Produktionsanlagen für die Installation auf dem Meeresboden – Unterwassertanker sollten das Öl von dort abtransportieren – unter den Eisbergen hinweg. Technisch sei das kaum ein Problem, meinte Cliff Martin, als er uns die wie Science-fiction anmutenden Projektskizzen zeigte. »Nur: Man muß ein paar hundert Millionen Barrel Öl finden!«

Wenige Tage später hatte der dänische Regierungschef Anker Jörgensen auf seiner obligatorischen Rundreise durch die Provinz Grönland ein schockierendes Erlebnis. Ein rohes Ei traf ihn bei seiner Ankunft in Sisimiut (Holsteinsborg), der neuen Versorgungsbasis für die Ölsucher. Demonstranten verbrannten vor seinen Augen die dänische Fahne – Protest empfing ihn statt des bislang üblichen freundlichen Lächelns der Landeskinder. *Pilersuivigssamut nâggârit,* Nein zur Ölbasis, stand auf den Transparenten, oder: Das ist unser Land.

Politisches Aufbegehren gegen die Bevormundung durch Kopenhagen verband sich mit der Sorge um die so hochgradig verwundbare arktische Natur.

Was würde bei einem Blow-up in der Davisstraße geschehen, wenn das Öl Hunderte von Quadratkilometern verseuchen würde? Die Folgen für das sensible ökologische Gleichgewicht im Meer wären verheerend.

Daß die Sorge berechtigt war, haben mehrere Ölunfälle in Alaska und Kanada gezeigt - bis hin zur »Exon Valdez«-Katastrophe am 24. März 1989, bei der 42 Millionen Liter Öl aus dem leckgeschlagenen Supertanker den Prince-William-Sund verseuchten.

Der Protest gegen die Ölsuche in der Davisstraße verlor unerwartet seine Grundlage: Sämtliche Bohrlöcher, die man in den Meeresboden gedrillt hatte, blieben trocken. Die Suche wurde 1978 vorzeitig abgebrochen. Einer der ersten Beschlüsse der seit dem 1. Mai 1979 autonomen Regierung in Nuuk war: nie wieder Ölsuche im Meer vor Grönland.

Sechs Jahre nach dem Abzug der Bohrschiffe aus der Davisstraße überreichte der dänische Grönland-Minister T. Høyen Regierungschef Jonathan Motzfeldt ein Fläschchen mit ein paar schwarzen Tropfen: Es war Öl, das Geologen der GGU aus ostgrönländischem Schiefer gepreßt hatten. Ostgrönland

– das haben Funde von versteinerten Fischen bestätigt – gehörte noch vor 60 Millionen Jahren zu demselben Sedimentbecken, aus dem die Norweger ihr Nordsee-Öl pumpen. Das veranlaßte den US-Ölgiganten Arco, einen Konzessionsvertrag für das Fundgebiet, das Jameson-Land, abzuschließen. Bei der Unterzeichnung verteilte der Minister hoffnungsvoll die schwarzen Tropfen.

Mehr als vier Jahre lang wurden bei Zehntausenden von Sprengungen mit Dynamit 1800 Kilometer seismische Profile ausgedruckt. Fast 100 Millionen US-Dollar wurden in die gottverlassene, eisige Steinwüste jenseits des Polarkreises gesteckt. Auch hier sahen die Projektanten – beflügelt durch verheißungsvolle Zwischenresultate – schon sechs eisbrechende Supertanker eines völlig neuen Schiffstyps zwischen Grönland und Europa pendeln. Doch Arco-Konzernchef Robert O. Anderson gab die Konzession am 19. März 1990 zurück – wegen des »extremen Risikos und des besonders hohen Kostenniveaus« hieß es offiziell.

Bei der Landesregierung in Nuuk schlug diese unerwartete Entscheidung wie eine Bombe ein. Denn man war sich darüber im klaren, daß man selbst im Poker um die schon so nahen Ölmilliarden zu weit gegangen war. Denn Arco hätte für den Fall der Förderung die weltweit höchsten Abgaben zahlen müssen. Der Konzern war auch nicht bereit, eine andere Kröte zu schlucken: Bei einem besonders ergiebigen Vorkommen hätte man die grönländische Staatsgesellschaft Nuna Oil bis zu 50 Prozent an der Produktion beteiligen müssen, obwohl sie keine blanke Krone in die Erschließung gesteckt hatte.

Die Natur formt riesenhafte Monumente aus Eis. Dieser Eisberg vor Qeqertarsuaq (Godhavn) ragt 100 Meter hoch in den Himmel.

Damit kam für die Regierung in Nuuk mit ihrer restriktiven Montanpolitik der große Katzenjammer. Denn man brauchte dringend den Förderzins, den sich Nuuk und Kopenhagen »brüderlich« 50 zu 50 teilen. Die Landeskasse war so leer wie nie, und deutlicher als je zuvor zeichnete sich ab, daß die grönländische Wirtschaft vom Segen des Meeres allein auf die Dauer nicht leben kann. Sie braucht neben der unsicheren Einnahmequelle Fisch ein sicheres Standbein: die Nutzung der reichen Schätze Saturns. Und dafür wiederum waren Kapital, Technologie und Know-how der Minenmultis unentbehrlich.

Um ausländischen Investoren neue Anreize zu geben, ging man im Sommer 1990 daran, die Konzessionsbedingungen zu revidieren und attraktiver zu gestalten. Vor allem sollte den Findergesellschaften das Erstschürfrecht gesichert werden, was bis dahin nicht der Fall war.

Im Spätsommer 1990 gab die GGU bekannt, daß 40 000 Quadratkilometer Meeresgrund in der Davisstraße vor der grönländischen Westküste seismologisch neu nach möglichen Ölquellen abgesucht werden sollten. Denn die Kopenhagener Geologen hatten die Hoffnung nicht aufgegeben und deswegen die seismischen Daten der siebziger Jahre noch einmal neu bewertet. Dabei hatten sie festgestellt, daß unter der Davisstraße wesentlich ältere Sedimente lagern, als man früher angenommen hatte. »Die Aussichten, dort – trotz aller trockenen Bohrungen – doch Öl zu finden, sind ausgesprochen gut« kommentierte H. C. Larsen, der Leiter der Ölgeologie der GGU, den neuen Vorstoß in die bisherige »Tabuzone«. Regierungschef Jonathan Motzfeldt selbst verhandelte im Sommer 1990 mit dem Sowjetbotschafter in Kopenhagen über die Charter eines russischen Spezialschiffes für seismologische Untersuchungen in der Davisstraße.

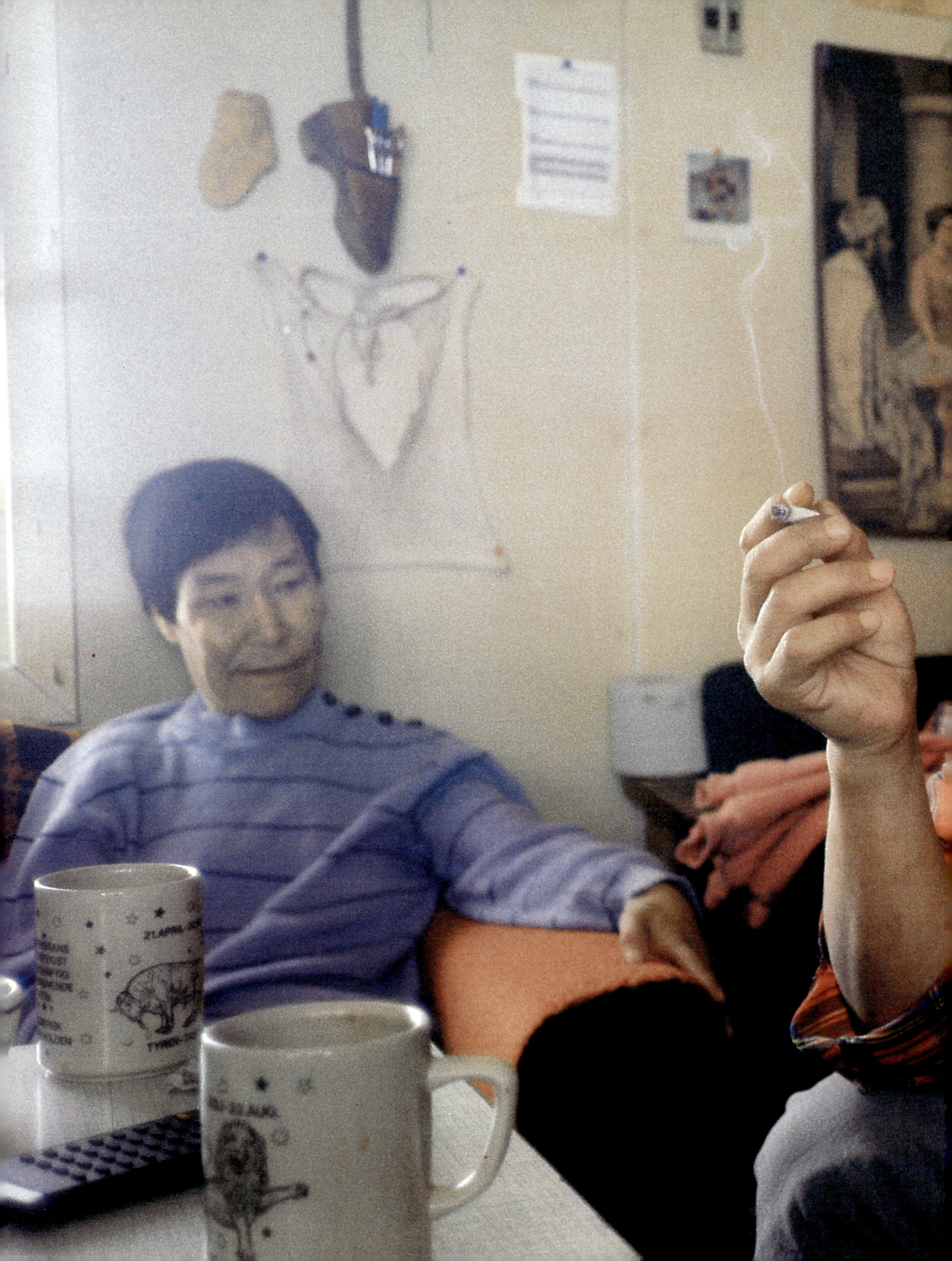

DER TUPILAK GEHT MIT INS ALTERSHEIM

Beim Übergang vom Gestern zum Morgen stehen die Grönländer vor einer tiefen Krise

Die fünf Fänger aus Niaqornat an der Uummannaqbucht hatten noch Glück, daß der Sturm, der sie Anfang Februar 1991 auf ihrer Eisscholle aufs offene Meer hinaustrieb, an einem Montag tobte. Montags fliegt nämlich der Hubschrauber der Fluggesellschaft Grønlandsfly im Liniendienst das nordgrönländische Städtchen Uummannaq an. Der Helikopter hatte sich sofort auf die Suche nach den Vermißten gemacht, im Zwielicht der Winterdämmerung, die hier Anfang Februar den Tag über herrscht. Sechs Stunden, nachdem der Sturm die fünf Männer beim Fischen an der Eiskante überrascht hatte, wurden sie unter ziemlich dramatischen Umständen auf ihrer abdriftenden Scholle entdeckt und an Bord gehievt.

Man erinnerte sich in Niaqornat an eine ähnliche Rettungsaktion im späten Frühjahr 1982. Damals waren acht Fänger des Dorfes zusammen mit 28 Männern aus den Nachbarsiedlungen auf plötzlich zerberstendem Eis auf das offene Meer der Davisstraße hinausgetrieben – mitsamt ihren 370 Schlittenhunden. Einen ganzen Tag hatte es gedauert, bis zwei Hubschrauber alle 36 Männer von ihren Schollen oder von größeren Eisbergen, auf die sie sich vorübergehend gerettet hatten, bergen konnten. Für die 370 Hunde hatte es keine Rettung gegeben.

vorhergehende Doppelseite: In den sechziger Jahren verfolgte man in bester Absicht die Politik der Konzentration und holte die Bewohner aus den kleinen und kleinsten Siedlungen, die verstreut über 2000 Kilometer Küste lagen, in die Stadt. Statt in einem Torfsodenhaus lebt der Robbenfänger jetzt in einer Etagenwohnung.

An Bedrohungen wie dieser hat man sich in Niaqornat mit seinen zwei Dutzend farbenfreudigen Holzhäuschen am Ufer der kleinen, von einem Felsrücken geschützten Bucht gewöhnt. Die barsche nordgrönländische Natur ist mit den Menschen noch nie besonders zimperlich umgegangen. Sie hat immer wieder ihre Opfer gefordert – bei der Jagd oder beim Fischfang auf dem Eis, oder auf offener See, früher mit dem Kajak und jetzt mit dem leichten Plastikmotorboot. Nur wenige Tage vor der Rettungsaktion im Februar 1991 war ein kleinerer Helikopter beim Krankentransport von Niaqornat nach Uummannaq abgestürzt. Unter den fünf Toten waren auch zwei Männer aus dem Dorf.

Als ich im September 1984 die Siedlung besuchte, lebten dort 84 Menschen und ein paar hundert Hunde, die zwischen den Häusern heulten und jaulten und schon ungeduldig auf den ersten Schnee und die ersten Tage vor dem Schlitten warteten. Auf den Trockengerüsten baumelten – unerreichbar für die ewig hungrigen Hundeschnauzen – Fischmumien und schwarz gedörrte Fleischbrocken von Robben und vom Wal – der Wintervorrat für Mensch und Tier. In Spannrahmen und auf Leinen trockneten Robbenfelle. Die meisten Männer waren mit ihren offenen, kleinen Motorbooten draußen zum Fang.

15 Familien im Dorf, rechnete mir Bürgermeister Johannes Tobiassen vor, lebten allein vom Fang. Nur fünf Männer seien Lohnempfänger, ein paar hätten Teilzeitarbeit. Im letzten Jahr habe man 3,7 Tonnen getrocknetes Haifischfleisch verkaufen können und 798 Robbenfelle – für nicht einmal ganze 250 000 Kronen. Das mache runde 16 000 Kronen (ca. 4000,– DM) pro Fängerfamilie. Und davon müsse man Benzin und Ersatzteile für das Motorboot, Jagdmunition und Petroleum für die Öfen bezahlen – von den sonstigen Dingen des täglichen Bedarfs gar nicht zu reden. Und das alles verdanke man nur Brigitte Bardot und der verdammten Robbenkampagne!

»Vor der Kampagne«, sagte der Bürgermeister, »sind wir ganz gut zurecht gekommen in Niaqornat. Wir haben hier vom Fang ganz gut leben können. Jetzt geht es nicht

ohne staatliche Hilfe, und wir werden wohl eine Menge tun müssen, damit die Jugend nicht doch noch aus der Siedlung abwandert. Vor allem muß ein kleines Kraftwerk her, damit das Dorf endlich Strom bekommt. Schließlich hat unsere Jugend hier genauso ein Recht auf ihren Videorekorder wie die drüben in Uummannaq (Dundas) oder unten in der Hauptstadt Nuuk (Godthåb). Die dunkle Zeit des Winters ist verdammt lang!«

Die lange, nordgrönländische Winternacht: Ende November würde sich die Sonne für ganze drei Monate von Niaqornat verabschieden und hier erst Anfang März wieder hinter den hohen Bergen hervorschauen. Die völlige Dunkelheit und die langen Stunden des Zwielichts würden sich über das Dorf legen – mit viel Zeit zum Palaver beim nachbarlichen *kaffemiq* rund um die summende Petroleumdrucklampe, aber auch viel Zeit für trübe Gedanken, Depressionen und Kurzschlußhandlungen. Auf der anderen Seite, über dem Eis der Bucht, würde sich die Sonne schon in den ersten Februartagen für ein paar Minuten wieder zeigen, und die helle Zeit des Tages würde schnell zunehmen. Man würde Robben in ihren Atemlöchern jagen können und bald auch beim

Mit 55 000 Menschen zählt Grönland, das sechsmal so groß ist wie das vereinte Deutschland, nur knapp soviel Einwohner wie die Stadt Lüneburg.

Sonnen auf dem Eis. Man würde mit der hechelnden Hundemeute auf die im Eis erstarrte Bucht hinausfahren, die kilometerlangen Köderleinen in Eislöcher gleiten lassen und sie am nächsten Tag mit einer Winde wieder ans Tageslicht holen – mit dem riesigen *qeeraq* am Haken, mit Heilbutt oder mit einem Hai, der nur als Hundefutter gut ist.

Im April und Mai, wenn die Sonne schon bis weit in den Abend hinein am Himmel steht, würde das Eis vor Niaqornat einem Campingplatz gleichen. Dann würden auch die Fänger aus Uummannaq und aus anderen Dörfern an die Eiskante herüberkommen und für die Nächte ihre Zelte über den Schlitten aufschlagen. In diesen Wochen würden die Männer ihren Broterwerb gegen keinen anderen in der Welt eintauschen wollen – auch wenn mit jedem Tag das Risiko wächst, daß das Eis plötzlich aufbricht, und die Schollen – oft von der Größe mehrerer Fußballfelder – aufs Meer hinaustreiben. Und längst nicht immer kann man mit dem rettenden Helikopter rechnen. Ende Mai dann würde auch das erste Versorgungsschiff wieder das Dorf anlaufen, und man würde die leergekauften Regale im Laden wieder auffüllen können. »Eigentlich ist das Leben hier sehr schön«, sagte mir der Bürgermeister des Achtzig-Seelen-Dorfes an der Uummannaqbucht beim Abschied. »Mit den Leuten in Nuuk möchte ich niemals tauschen.«

Gut 750 Kilometer Luftlinie trennen Niaqornat und die Hauptstadt Nuuk, 750 Kilometer zerrissener Küste mit ungezählten Inseln und Buchten und tief in das Land geschnittenen Fjorden, mit Ausläufern des Inlandeises und Riesengletschern und Feldern treibender Eisberge, mit menschenleeren Felseneinöden über Hunderte von Kilometern und endlosen Tundren. In gut vier Stunden Flugzeit mit den großen, robusten Sikorski-Hubschraubern, die seit 25 Jahren 25 Millionen Kilometer über Grönland zurückgelegt haben, und den Dash-7-Tragflächenmaschinen der Grønlandsfly ist diese Entfernung heute leicht zu überwinden – auch wenn man ein paar Stunden Wartezeit in Ilulissat (Jakobshavn) und Kangerlussuaq (Søndre Strømfjord) dazurechnen muß. Manchmal startet auch der Hubschrauber wegen schlechten Wetters nicht, oder die Dash dreht – ohne in Nuuk zu landen – wieder ab, weil sich die Hauptstadt unter tiefhängenden Wolken versteckt. Dann geht es nach Kangerlussuaq zurück, wo man eine Nacht im Transithotel dranhängen muß, vielleicht auch zwei. Ein bißchen Glückssache ist das Fliegen auf Grönland noch immer, auch wenn die Zeiten Vergangenheit sind, in denen man oft in Kangerlussuaq tagelang auf irgendeinen Weiterflug warten mußte. Mein längster Zwangsaufenthalt hier, im April 1975, dauerte sechs Tage.

Auf den ersten, flüchtigen Blick glaubt man, in Nuuk in eine etwas kleingeratene Großstadt gekommen zu sein. Im neuen Zentrum der Metropole gibt es gleich zwei ansehnliche Banken, gut sortierte Kaufhäuser, Boutiquen und Hotels. Um dieses Zentrum scharen sich moderne Bürogebäude und riesige Wohnblocks: die City der Hauptstadt. Auf dem Tuapannguit, der Hauptstraße, zeigt der Autoverkehr gegen Abend sogar Andeutungen einer Rush-hour. Das neue Hans Egede Hotel bietet auf Wunsch luxuriöse Business-Suites und im Skytop-Restaurant in der sechsten Etage serviert der Küchenchef bei Kerzenlicht für 750 Kronen sein Gourmet Menu – die Flasche 82er Lalande de Pomerol für 185 Kronen nicht eingeschlossen.

Bei meinem ersten Besuch 1969 hieß Nuuk noch Godthåb, wie der norwegische Missionar Hans Egede seine erste Siedlung auf Grönland vor 250 Jahren getauft hatte. Das einzige Hotel der Stadt erwies sich damals als eine ziemlich miserable Holzbaracke. Die Hauptstraße bestand vor allem aus Schlaglöchern. Zwei Dutzend wahllos über die Felsen verstreute Holzgebäude mit den Kontoren des Königlich Grönländischen Handels, dem Postamt und zwei, drei bescheidene Läden machten die »City« aus.

Doch wie riesige, graue Fremdkörper standen – in Reih und Glied – fünf neue Betonkasernen mit Etagenwohnungen zwischen den Felsbuckeln. Allein der über 100 Meter lange Block P bot auf seinen sechs Etagen Wohnraum für 500 Menschen – mehr als ein Prozent der gesamten grönländischen Bevölkerung! Die Statistik wies 1969 für Godthåb 7300 Einwohner aus, doppelt so viele wie 1962.

Mit Bulldozern und Betonmischern waren die Dänen damals dabei, ihre 40 000 einstigen Koloniekinder zu Bürgern des dänischen Wohlfahrtsstaates zu machen. Die Planer im fernen Kopenhagen hatten ausgerechnet, daß alles viel einfacher, effektiver und am Ende auch bezahlbarer wäre, würde man die Menschen zu den neuen Wohltaten holen und nicht – umgekehrt – die Wohltaten zu den Menschen bringen. Denn die lebten in kleinen und kleinsten Siedlungen verstreut über 2000 Kilometer Küste. So legte man in bester Absicht ganze Dörfer nieder und holte ihre Bewohner aus den Torfsodenhütten und Holzhäuschen in die neuen Betonetagen – mit Hospitälern, Supermärkten, Fabriken und Helikopterlandeplätzen in unmittelbarer Nachbarschaft. Auch die Sozialämter lagen gleich um die Ecke, und es überraschte die wohlmeinenden Planer, daß man diese bald dringender brauchte als alles andere. Die Politik der Konzentration war zwar ökonomisch die vernünftigste Lösung gewesen, doch hatte keiner auf seinem Reißbrett berücksichtigt, daß die abrupte Verpflanzung der Menschen aus ihrer gewachsenen, engen Gemeinschaft der kleinen Siedlungen in die Anonymität der Städte Probleme mit sich bringen würde. Keine Blaupause hatte die Entwurzelung, den Kulturschock und die Identitätskrise der Betroffenen bedacht.

Bei meinem Besuch im Jahr 1990 hatte Nuuk, wie das einstige Godthåb im Zeichen der Grönlandisierung heute offiziell heißt, schon die 13 000-Einwohner-Grenze überschritten. Es hatte sich mit seinem neuen Stadtzentrum die Fassade einer Metropole zugelegt. Doch hinter dieser Fassade waren die Probleme noch gewachsen. Grönland steckte in einer tiefen Krise.

Der Tupilak, den Pavia Matheussen aus dem fettglänzenden Speckstein schnitt, versprach alles andere als ein freundliches Wesen zu werden. Sein Kopf, der zugleich der eines Menschen und eines Eisbären war, zeigte ein grimmig gefletschtes Gebiß. »Er muß vor allem fürchterlich aussehen«, sagte Pavia, während er dem Tupilak mit Stecheisen und Feile zu Leibe rückte. »Je fürchterlicher, desto mehr schadet er dem Feind!« Pavias kleines Speckstein-Ungeheuer war allerdings nicht mehr für den Feindeinsatz bestimmt, sondern für die Verkaufsregale im arktischen Kunsthandwerksladen, den Christian Ascher, ein in Grönland vernarrter Deutscher, seit Jahren in Nuuk betreibt.

»Mein Vater hat im stillen noch an den Tupilak geglaubt«, erzählte Pavia. »Er war noch ein richtiger Fänger in Kangeq. Aber unser Dorf wurde damals, Mitte der sechziger Jah-

In den sechziger Jahren hatte Grönland eine der höchsten Geburtenraten der Welt. Die Bevölkerungszahl stieg von 32 000 auf heute 55 000. Das hat die Wohnungsnot zu einem der größten Probleme der Insel gemacht.

re, aufgelöst, als sie alle in die Städte holten. Da sollten wir »Europäer« werden. Alles, was mit unserer alten Inuit-Kultur und unseren Traditionen zusammenhing, galt damals als rückständig, selbst unsere Sprache.

Als mein Vater vor ein paar Jahren ins Altersheim kam, war er weder Däne noch Inuit sondern ein Mensch ohne Wurzeln. Den heimlichen Glauben an den Tupilak hatte er mit ins Altersheim genommen.«

Die *tupilat* – so der korrekte Plural – waren im Eskimoglauben kleine, magische Wesen, die man nach einem bestimmten Ritual aus Tierknochen, Zähnen und Fellresten zusammensetzte, und denen Geisterbeschwörer dann Leben einhauchten. Sie wurden so zu Unglücksbringern für Nachbarn, mit denen man in Streit geraten war. Da diese sich ebenfalls ihren Tupilak schufen – möglichst einen noch schrecklicher aussehenden – trugen diese beiden, ins Meer geworfen, die Fehde unter sich aus – als Stellvertreter ihrer Schöpfer. Für diese war damit der Streit erledigt. Als wirkungsvolles Instrument der Problemlösung gehörte der Tupilak so zu den mentalen Überlebensmechanismen der Inuit. Denn in den kleinen Gemeinschaften, wo im harten Daseinskampf jeder auf jeden

angewiesen war, konnte man sich lang andauernden Streit oder dessen gewaltsame Austragung nicht leisten.

»Für seine gegenwärtigen Probleme könnte Grönland schon einen gigantischen und mehr als fürchterlichen Tupilak gebrauchen«, seufzte Christian Ascher, als ich bei meinem letzten Besuch wieder einmal in seinem Laden vorbeischaute. »Die Schwierigkeiten wachsen, nicht nur die wirtschaftlichen. Viel schlimmer sind die menschlichen Probleme. Die Gewalt nimmt zu, wie wir es noch nie zuvor erlebt haben. In den ersten vier Monaten dieses Jahres hatten wir auf der Insel schon fünfzehn Tote durch Gewaltverbrechen – und das bei nur 55 000 Einwohnern! Auch bei den Selbstmorden hält Grönland längst einen traurigen Rekord. Und bei allem ist der Alkohol der Auslöser!«

Im Naapiffik, dem Tagesheim für Arbeitslose in Nuuk, herrscht Hochbetrieb. Dreißig, vierzig junge Männer spielen lustlos Karten oder Billiard, hören Musik, tauschen ihre letzten Zigaretten oder suchen sich die 30 Kronen für die warme Mahlzeit zusammen, die die drei Ordensschwestern der benachbarten katholischen Kirche austeilen. Die Männer reden miteinander, und meist sind

Das grönländische Volk ist ein junges Volk. Fast die Hälfte der Einwohner ist heute unter 25 Jahre alt.

es bedrückende Gespräche, oder sie hängen ihren eigenen düsteren Gedanken nach. Villy Johnsen ist 36 Jahre alt und seit acht Monaten wieder ohne Arbeit, wie oft schon – das weiß er nicht mehr.

»Gleich der erste Gedanke morgens beim Aufwachen ist: Niemand braucht dich heute. Es ist gleichgültig, ob du aufstehst oder dich auf die andere Seite drehst. In der Stadt siehst du dann: Die anderen haben Arbeit und haben eine Wohnung. Du bist ja minderwertig, ein fauler Grönländer. Du hast für die dänischen Arbeitgeber den unsichtbaren Stempel in deinen Papieren – der hat zur Arbeit keine Lust; wenn Rentierjagd ist, ist er weg, und er rennt zu allen möglichen und unmöglichen Zeiten zu irgendwelchen Beerdigungen. Und wenn du dann mit anderen Arbeitslosen zusammen vor dem Laden von Brugsen stehst und ein Bier trinkst, heißt es gleich, das müßte verboten werden. Hat ein Arbeitsloser kein Recht auf ein Bier?« Villy Johnsen erhält 1400 Kronen Unterstützung im Monat. Das reicht nicht für die Miete – der 36jährige hat keine Wohnung. Er kriecht bei Freunden und Schicksalsgenossen unter. »Das ist alles hoffnungslos!«

2016 Grönländer waren im April 1990 ohne Arbeit. Das war jeder zehnte im arbeitsfähigen Alter. Die wirtschaftliche Talfahrt, die die Insel dann im Laufe des Jahres erlebte, ließ die Zahl nach oben schnellen. Die Schar der Durstigen, die vor Brugsen auf den Beginn des zeitlich limitierten Bierverkaufs warteten, wuchs mit der Arbeitslosigkeit in der Hauptstadt. Und es blieb selten bei dem einen Bier, vom dem Johnsen gesprochen hatte. Die polizeilichen Bannschilder an der Wand, die den Konsum von alkoholischen Getränken vor dem Laden verbieten, zeigten keine Wirkung: Bei Ladenschluß war der Platz im Herzen der neuen City ein Treffpunkt der Betrunkenen.

Die Frustration auf der Insel wächst. Da ist nicht nur die Arbeitslosigkeit. In den Städten herrscht Wohnungsnot. In den sechziger Jahren stieg die Bevölkerungszahl explosionsartig an – Grönland war eines der Länder mit den höchsten Geburtenraten der Welt. Jetzt suchen die »Sechziger« ihr eigenes Dach über dem Kopf – in Nuuk muß man sie mittlerweile auf zehn Jahre hinaus vertrösten. Bis dahin müssen sie die ohnehin schon engen Wohnungen mit ihren Eltern oder Verwandten teilen. Das gibt Spannungen und Reibereien. Familiendramen gehören zum Alltag. Außerdem klafft die soziale Schere immer weiter auseinander. Das rapide Tempo der gesellschaftlichen Entwicklung läßt seine Verlierer hinter sich. Viele sehen als letzten Ausweg nur den Griff zur Flasche. Man ertränkt Frust, Vereinsamung, Entwurzelung, Minderwertigkeitsgefühl und Hoffnungslosigkeit im Alkohol.

Die Kriminalstatistik von 1989 registrierte 62 Selbstmorde – 20 Jahre zuvor war es noch ein knappes Dutzend gewesen. Jeder dritte Selbstmörder war noch nicht 30 Jahre alt; Männer hatten dreimal so häufig wie Frauen den Freitod gewählt. »Schon jeder achte Todesfall auf der Insel ist ein Suizid, in Dänemark nur jeder vierzigste«, resümierte Grönlands Landesarzt Jens Mißfeldt. »Das kommt wie Wellen. Irgendwo geht ein junger Mensch in den Tod und – wie infiziert – folgen ihm andere. Und immer ist Alkohol im Spiel.«

Für Mißfeldts Kollegen, Chefdistriktarzt René Christensen in Nuuk, ist die Freitodwelle ein kulturelles Phänomen. »Die traditionelle Rolle, für die die Männer noch erzogen werden, stimmt heute nicht mehr. Mit dem Rückgang der Jagd, aber auch der Fischerei, wo sie Selbstbestätigung fanden, sehen sie ihre maskuline Identität schwinden. In der Fabrik läßt sich die Rolle nicht mehr spielen, in der Arbeitslosigkeit schon gar nicht. Der Rausch gibt die Illusion, seine Männlichkeit zeigen zu können – und sei es in einer Schlägerei. Doch der Rausch führt auch zu Kurzschlußhandlungen. Für ein Volk, für das die Bedrohung durch den Tod immer zum täglichen Leben gehörte, ist die Schwelle zum Freitod nicht so hoch.«

Aber auch die Hemmschwelle, andere Menschen zu töten, wird in Grönland schneller überschritten, wenn Alkohol die Frustration in Aggressivität umschlagen läßt. Für 1990 mußte Polizeichef Jens Wacher einen deprimierenden Rekord melden: 25 Menschen – soviel wie nie zuvor – waren auf der Insel Opfer von Gewalttaten geworden, bei nur 55 500 Einwohnern! Auch bei diesen Gewalttaten war es der Alkohol, der die Täter enthemmte und sie zum Gewehr oder zum Messer greifen ließ. Im Jahr davor waren »nur« 13 Menschen eines gewaltsamen Todes gestorben. Von 1945 bis 1970 nur 45. Würde man die Zahl von 1990 hochrechnen – was sicherlich problematisch ist – würde das für das vereinte Deutschland 35 500 Morde bedeuten – in einem einzigen Jahr!

Für meinen Besuch im Fühjahr 1990 hatte ich Freunde in Nuuk gebeten, ein Treffen mit Simon Kristoffersen vorzubereiten, dem bekanntesten Bildhauer der Insel. Als ich in der Hauptstadt ankam, trug man den 58jährigen gerade mit großem Trauergefolge zu Grabe. Neben seinem Grab hatte man eine zweite Gruft in das tiefgefrorene Erdreich gebrochen – für seine Frau Charlotte, die sich mit ihren Specksteinskulpturen ebenfalls einen Namen gemacht hatte. Die 19jährige Tochter fehlte bei der Beerdigung – sie befand sich in Polizeigewahrsam: Sie hatte ihre Eltern mit dem Gewehr ihres Vaters erschossen, als sie alle drei angetrunken nach Hause gekommen und nach weiterem Zechen in Streit geraten waren.

In der Silvesternacht 1989/90 hatten junge Leute im südgrönländischen Narsaq bis in den Neujahrsmorgen hineingetrunken. Als sich die Teilnehmer der Party dabei in die Haare gerieten, hatte der 18jährige Schüler Abel Mikaelsen sein halbautomatisches Sako-Gewehr geholt und sieben der Freunde niedergeschossen. Nur Abels älterer Bruder überlebte schwerverwundet die Amoktat.

Das waren zwei der brutalen Bluttaten, die Grönland 1990 mit Entsetzen und tiefer Ratlosigkeit erfüllten. Ein weiterer Doppelmord und vierzehn Einzelmorde kamen bis zum Ende des Jahres hinzu. Mehrere davon waren blutige Familientragödien – in zwei Fällen erstachen Frauen in brutalster Weise ihre Männer. Auch sie handelten im Vollrausch. Aber nicht nur Mord und Totschlag eskalierten – auch bei anderen Gewaltdelikten mußte man in den letzten Jahren traurige Rekorde registrieren: So war die Zahl der Vergewaltigungen und anderer Sittlichkeitsdelikte – meist zum Schaden von Minderjährigen – 1989 auf 250 Fälle angewachsen.

»Die Gewalt explodiert«, kommentierte Vizepolizeichef Jens Højbjerg in Nuuk die Entwicklung Ende 1990. »Wir stehen vor einer bisher nicht gekannten Verrohung der Gesellschaft, wenn die frustrierten Menschen ihre Probleme damit lösen wollen, daß sie zur Gewalt greifen.« Højbjerg sieht im Alkohol einen der wichtigsten Faktoren für die eskalierende Kriminalität. Solange ungehemmter Alkoholmißbrauch gesellschaftlich und politisch akzeptiert werde, würde

Noch vor 50 Jahren lebte mehr als die Hälfte aller Grönländer in kleinen, weit entlang der Küste verstreuten Siedlungen. Heute wohnen vier von fünf Grönländern in den 15 Städten und zentralen Ortschaften, wie hier in Qasigiannguit (Christianshåb) an der Diskobucht.

sich kaum etwas ändern. Da man das miserable soziale Umfeld nicht von heute auf morgen beseitigen könne, bliebe als Sofortmaßnahme nur das Verbot oder wenigstens eine drastische Einschränkung des Spirituosen- und Bierverkaufs.

Statistisch gesehen trank 1989 jeder über 15 Jahre alte Grönländer 18,2 Liter reinen Alkohol – mehr als doppelt soviel wie die als besonders trinkfreudig verrufenen Finnen. In einigen kleinen Städten wie Qaqortoq (Julianehåb) waren es sogar 24 Liter. Die Abfüllanlage von Tuborg und Carlsberg in Nuuk meldete für 1989 den Verkauf von 30 Millionen Flaschen Bier – für 55 000 Menschen! Von jedem Hundert-Kronen-Schein, den die Grönländer ausgaben, entfielen 18 auf Nahrungsmittel und 10 Kronen auf Bier. Im Jahr summierten sich die Ausgaben auf 13 000 Kronen pro Kopf – zusammen waren es 715 Millionen Kronen, die die Bevölkerung für Bier ausgab.

Nach einer Volksabstimmung hatte man 1979 den Alkohol rationiert – es durfte nur noch nach »Punkten« getrunken werden, nach einer Bezugskarte mit 72 Marken für den Monat, für die man entweder 72 Flaschen Pils oder eine entsprechende Menge stärkerer Getränke erhielt. Zwar wurde die Bezugskarte sehr schnell auf dem Schwarzmarkt gehandelt, und es gab Rekordumsätze beim Verkauf von Hefe, Zucker und Rosinen für das Heimbrauen des schaurigen *immiaq*-Bieres. Aber die Zahl der Gewalttaten ging drastisch zurück, so daß das Inselparlament die Rationierung schon 1982 wieder aufhob. Innerhalb eines Monats wurden daraufhin von den damals 10 000 Menschen in der Hauptstadt 580 000 Flaschen Bier konsumiert. Den ersten Toten gab es in der Nacht nach dem Ende der Rationierung.

»Stoppt endlich das Gift für unsere Gesellschaft, verbietet den Verkauf von Alkohol!« forderte Ulloriaq Løvstrøm, der Bürgermeister von Uummannaq, die Abgeordneten des Inselparlaments auf, nachdem in seiner Stadt an einem einzigen Wochenende im Juni 1990 vier Einwohner an den Folgen von Alkoholmißbrauch umkamen – darunter ein vier Wochen altes Kind, das erstickte, während die Eltern ihren Vollrausch ausschliefen. In der Frühjahrssitzung des Parlaments hatten zwölf Parlamentarier für die Wiedereinführung der Rationierung gestimmt – 13 votierten dagegen, unter ihnen auch Regierungschef Jonathan Motzfeldt. Für die Herbstsitzung stand die Forderung nach einer verordneten Drosselung des Alkoholflusses erneut auf der Tagesordnung. Doch der zuständige Parlamentsausschuß hatte schon vor der Plenartagung abgewinkt – es gebe keinen beweisbaren Zusammenhang zwischen Alkoholkonsum und Kriminalität.

Ein 22jähriger, der am Neujahrsmorgen 1990 in Paamiut (Frederikshåb) einen Freund erschossen und eine Frau unter Mordandrohung vergewaltigt hatte, wurde zu fünf Jahren Freiheitsentzug verurteilt. Diese Zeit muß er nicht hinter Gittern verbringen. Denn das grönländische Rechtssystem kennt als Prinzip nur den offenen Strafvollzug. Alle Häftlinge arbeiten tagsüber als Freigänger unbeaufsichtigt in der Stadt – nur für die Nächte und Wochenenden schließen sich hinter ihnen die Tore einer der drei »Verwahrungsanstalten« der Insel. Langes, totales Einsperren widerspräche den Inuit-Traditionen.

Das Rechtssystem kennt auch keinen festgelegten Strafrahmen. Die Gerichte sollen nicht die Schwere der Tat, sondern den sozialen Hintergrund des Täters in den Vorder-

grund stellen – und die Möglichkeiten seiner Wiedereingliederung. Deswegen wird besonderes Gewicht auf die geregelte Arbeit gelegt und – auf die tägliche Zwangseinnahme einer Anti-Alkohol-Tablette. Jetzt prüft man in Kopenhagen, das nach den Autonomie-Vereinbarungen nach wie vor für die Justiz in Grönland zuständig ist, ob das »liberalste Strafrecht der Welt« der Eskalation der Gewalt noch standhält. Doch mit großen Änderungen rechnet niemand.

»Wenn doch wenigstens unsere Politiker ein Vorbild an Mäßigkeit wären«, sagte mir ein Journalist in Nuuk, der dem Regierungschef Jonathan Motzfeldt in einem offenen Brief in seiner Zeitung gerade dessen wiederholtes öffentliches Auftreten in trunkenem Zustand vorgeworfen hatte. Im März 1991 mußte Grönland vorzeitig sein Inselparlament neu wählen – wegen eines Skandals. Die Regierungsmitglieder in Nuuk – so war bekannt geworden – hatten 1,5 Millionen Kronen im Jahr aus dem Repräsentationsfond für »Bier und flotte Hornmusik« verbraucht.

Noch 1950 lag die Lebenserwartung des grönländischen Mannes bei 34 Jahren. Bis heute hat sie sich mit 67 Jahren fast verdoppelt.

DER AUFBRUCH IN DIE VIERTE WELT

Die bedrohte Arktis läßt die Urbevölkerung des Polarsaumes zu ihren gemeinsamen Wurzeln zurückfinden

An einem frostigen Herbsttag des Jahres 1924 stand ein von Strapazen gezeichneter, aber glücklicher Mann am Ufer der Beringstraße und blickte über das treibende Eis hinweg auf die Berge Sibiriens. Hinter ihm lag ein 20 000-Meilen-Marsch mit dem Hundeschlitten. Es war der grönländische Polarforscher Knud Rasmussen, der auf seiner drei Jahre dauernden Schlittenreise die Eskimo-Siedlungen an der »nördlichen Grenze der Menschheit« besucht hatte – von Grönland über Kanada bis in den westlichsten Zipfel Alaskas.

»In wenigen Jahren wird der weiße Mann sich alles unterworfen haben – die Lande, die Menschen, ihre Gedanken, ihre Geschichte und ihren Glauben«, notierte Rasmussen am Ende seines erregenden Berichts über die fünfte Thulefahrt. »Ich fühle mich glücklich darüber, daß es mein Schicksal wurde, von Dorf zu Dorf zu wandern und zwar zu einer Zeit, wo noch die große Ursprünglichkeit lebendig war. Darum erlebten wir auch das Wunder, daß wir auf der ganzen gewaltigen Strecke von Grönland bis zum Stillen Ozean nicht nur ein einziges Volk und eine einzige Sprache antrafen, sondern auch eine einheitliche Kultur, die für alle Zeiten ein Beispiel menschlicher Zähigkeit, Kraft und Schönheit bleiben wird.«

Knud Rasmussen war der erste, der die enge Verwandschaft aller Inuit so deutlich erkannte und aussprach: Die gemeinsame Herkunft, die Sprache, die Kultur, die einzigartigen Techniken für das Überleben in der menschenfeindlichen Arktis – das alles hatte sich trotz der vielen tausend Jahre der Trennung erhalten. Rasmussen sah aber auch schon die große Gefahr, die dem Polarvolk von den *Qallunaat,* dem weißen Mann, drohte: der Verlust seiner Identität.

vorhergegehende Doppelseite: Anläßlich des Weltkongresses der Inuit Circumpolar Conference haben die Grönländer ihre Nationaltracht angelegt.

Ein halbes Jahrhundert nach der großen Schlittenreise trafen sich die Inuit aus Alaska, Kanada und Grönland – die Vertreter der 2000 in Sibirien lebenden Eskimos hatten für das Treffen kein Ausreisevisum bekommen. Es ging um die Gefährdung der Volksidentität. Im Juni 1980 beschloß man in der grönländischen Hauptstadt Nuuk (Godthåb) endgültig, »ein Volk, eine Sprache und eine Kultur auch in einer Organisation zu vereinen«. Die jeweils 30 000 Inuit in Alaska und Kanada und die 42 000 in Gröndland schlossen sich zur Inuit Circumpolar Conference (ICC) zusammen. Damit hatte sich die polare Urbevölkerung ihr eigenes Sprachrohr geschaffen – eine eigene politische Organisation zur Durchsetzung der angestammten Rechte, aber auch eine Organisation zum Schutz der bedrohten arktischen Umwelt und zur Wahrung der kulturellen Eigenart.

Daß sich die Inuit ihrer Urrechte an dem eisigen Territorium bewußt wurden, hatte sich zum ersten Mal in dem kleinen Dorf Point Hope an der Küste von Alaska gezeigt. Als die Amerikaner dort mit Hilfe einer Atombombe einen Tiefseehafen in den Fels sprengen wollten, hatte Charles Edwardsen jun. – später unter dem Eskimo-Namen Etok bekannt – den Kampf gegen die *Qallunaat* aufgenommen. Denn er wollte nicht hinnehmen, daß sich die großen Ölgesellschaften das Gebiet der North Slope wie eine Art Niemandsland aneigneten – Land, das über die Jahrtausende das Territorium der Inuit war.

Etok gründete überall im Lande Vereinigungen der Ureinwohner. Als British Petrol am 18. Juli 1968 nach genau 50 trockenen Bohrungen auf die erste überreich sprudelnde Ölader der Arktis stieß, erhielt der Eigentumsanspruch der Inuit plötzlich eine besondere Brisanz, denn auf die North Slope setzte ein Wettrennen der internationalen Ölspekulanten ein. Etok nutzte die Publicity des neuen »Öldorado« geschickt für seinen Kampf um das Recht seines Volkes im Land der Väter.

Drei Jahre später mußte der amerikanische Kongreß mit dem *Alaska Land Claims Settlement Act* den Ureinwohnern das Eigentumsrecht für ein Zehntel des Gebietes von Alaska zuerkennen – für den Rest wurden die Inuit mit einer Milliarde Dollar entschädigt. Zwei weitere Jahre später bestätigte der Oberste Gerichtshof von Alaska das Recht, die North Slope zu einem selbstverwalteten Gebiet zu machen und eigene Steuern einzuziehen.

Auch in Kanada wehrten sich die Ureinwohner gegen das Vordringen der Ölsucher. Gemeinsam mit der Brüderschaft der Indianer, der NIB, kämpfte die neugegründete Brüderschaft der Inuit, die ITC, gegen das Mammutprojekt, für zehn Milliarden Dollar eine 4225 Kilometer lange Pipeline von den amerikanischen Gasfeldern der Prudhoe Bay über die kanadischen Förderfelder im Mackenzie-Delta bis nach Alberta im Süden zu bauen – quer durch die Jagdgebiete der Urbevölkerung, die niemand gefragt hatte.

Im Juni 1975 wurde von den Indianern, die in ihrer eigenen Sprache Dené heißen, die später als historisch bezeichnete Dené-Erklärung verabschiedet. In ihr heißt es: »Wir, die Dené, gehören zur Vierten Welt. Und wie die Nationen der Erde inzwischen die Existenz und die Rechte der Dritten Welt anerkennen, müssen und werden sie eines Tages auch die Nationen der Vierten Welt anerkennen …« Der Begriff Vierte Welt hielt Einzug in den politischen Sprachgebrauch. Wie die Dené forderten nun auch die Inuit ein eigenes Territorium, das sie innerhalb der kanadischen Föderation selbst verwalten wollten. Es sollte *Nunavut* heißen – unser Land. In der kanadischen Verfassungsreform vom April 1982 wurden die angestammten Rechte der Urbevölkerung zum ersten Mal ausdrücklich festgeschrieben – ein Sieg der Inuit.

Die Inuit haben 1979 aus Grönland der einstigen Kolonie und späteren Provinz Dänemarks ein autonomes Gebiet unter der dänischen Krone gemacht. Auch dabei hatte die Forderung, über die Bodenschätze des eigenen Landes selbst bestimmen zu können, eine wesentliche Rolle gespielt. Verbunden damit war ein heftiges Aufbegehren gegen die »Europäisierung« der Insel, das von den jungen, stark ideologisch beeinflußten Grönländern an den Hochschulen in Kopenhagen ausgegangen war. Der Begriff Vierte Welt war dort zu einer politischen Kampfformel geworden.

»Europa ist tot – es lebe die Vierte Welt!«, hatte Aqqaluk Lynge vom Rat der jungen Grönländer, dem KIA, schon 1975 geschrieben. »Grönlands System ist krank, solange es auf europäischen Muster aufbaut. Unser Ausgangspunkt muß die Vierte Welt sein, die mit ihrer Art zu leben, auch unsere Bedürfnisse repräsentiert – nämlich *mit* der Natur zu leben und nicht, die Natur zu beherrschen. Deswegen weg von Europa! Verbannen wir das kleine Dänemark aus unseren Köpfen! Schließen wir uns der Vierten Welt an, organisieren wir den Kampf um unser Überleben gemeinsam mit anderen eingeborenen Völkern!« Lynge wurde später einer der Vizepräsidenten der ICC.

Wer nun zu dieser Vierten Welt zählte, hatte der Kopenhagener Soziologe Helge Kleivan so umschrieben: die einstmals freien Völker, die man nie für ausreichend qualifiziert gehalten hatte, selbst auf der politi-

schen Landkarte zu stehen, denen man ihr bestes Land genommen hatte ebenso wie das Recht, über die eigenen Angelegenheiten selbst zu bestimmen – Völker, denen man immer den untersten Platz bei Tisch zugewiesen hatte. Und dort, am Ende der Völkertafel, sahen sich die jungen, politisch aufmuckenden Grönländer in Kopenhagen in Gesellschaft mit den übrigen circumpolaren Ureinwohnern: den Indianern, den Völkern Sibiriens, den Samen in Nordeuropa und – den Inuit in Kanada und Alaska, denen man sich als eskimoisches Volk noch zusätzlich verbunden fühlte.

Im Sommer 1977 flog eine Delegation von Grönländern mit einer Sondermaschine über die Davisstraße westwärts, nahm am Frobisher Bay eine Gruppe von Inuit aus Kanada an Bord und setzte gemeinsam den Flug nach Barrow, am nördlichsten Zipfel von Alaska gelegen, fort. Zum ersten Mal in der vieltausendjährigen Geschichte der Wanderung entlang der »nördlichen Grenze der Menschheit« trafen die Angehörigen des ältesten Polarvolkes zusammen.

»Das waren plötzlich nicht nur Nachbarn, die sich bis dahin niemals kennengelernt hatten, sondern Freunde oder gar Verwandte«, erinnert sich Finn Lynge – lange Zeit grönländischer Abgeordneter im Europa-Parlament – an die historische Begegnung auf dem amerikanischen Kontinent. »Wir stellten plötzlich fest, daß wir trotz der vielen tausend Jahre der Trennung noch in unserer eigenen Sprache, dem Inuktikut, miteinander reden konnten, wenn auch mit ein paar Schwierigkeiten und etwas langsam. Das war eine unglaubliche Erfahrung für uns alle, daß wir noch immer Teil eines einzigen Volkes waren, welches rund um den halben Erdball lebt.«

Sisimiut (Holsteinsborg) zeigte sich im Festschmuck, als hier im Sommer 1989 der Weltkongreß der Inuit tagte. Die Perestroika machte es möglich, daß neben den Inuit aus Grönland, Kanada und Alaska zum ersten Mal auch Inuit aus Sibirien an dem Treffen teilnahmen.

Beim »Familientreffen« in Barrow begann das, aus dem am Ende die Vereinigung aller Eskimos wurde: die Inuit Circumpolar Conference. Was man in Barrow vorbesprach, wurde 1980 in der grönländischen Hauptstadt Nuuk in seine endgültige Form gegossen. Die Ziele der gemeinsamen Arbeit wurden formuliert: die Wahrung des kulturellen Erbes, die Durchsetzung der angestammten Rechte und Ansprüche, der Kampf gegen die Militarisierung rund um den Pol und vor allem der Schutz der so verwundbaren arktischen Natur.

Denn von Kap Farvel im Süden Grönlands bis zum Kap Prince of Wales an der Beringstraße war man trotz Supermarkt und Tiefkühltruhe noch immer auf Gedeih und Verderb vom Nahrungsmittellieferanten Natur abhängig. Im Kampf um die Erhaltung des ökologischen Gleichgewichts machte man gemeinsam den Feind aus: den »Fortschritt«, der aus dem Süden vordrang – mit Bulldozern, Bohrtürmen, Pipelines und Supertankern. In der Jagd auf das Öl der Arktis sahen sie die größte Bedrohung für das Wild und die angestammten Jagdgebiete – zu Land ebenso wie im Meer.

Ein ganz konkretes Projekt mit dem harmlosen Kürzel APP beschwor bei dem Treffen in Nuuk eine Flut von Schreckensszenarien herauf – das Artic Pilot Project. Dahinter verbarg sich der Plan, kanadisches Erdgas – verflüssigt und hochexplosiv – mit den größten, eisbrechenden Supertankern der Welt aus der Hocharktis nach Südkanada zu transportieren. Die grönländischen Inuit wurden an die für sie schon legendäre Blockade auf dem Eis von Niaqornaq erinnert.

Eines schönen Apriltages im Jahr 1975 hatte die Handvoll Jäger der kleinen Siedlung in der Einsamkeit Nordgrönlands ihren Ohren und Augen nicht trauen wollen: Durch die wie im Frost erstarrte Winterstille dröhnte vom Uummannaq-Fjord herauf der Lärm von starken Schiffsmotoren. Die meterdicken Schollen barsten krachend – ein leibhaftiges Schiff boxte sich seinen Weg durch den tiefgefrorenen Fjord. Das hatte es bei Niaqornaq noch nie zuvor gegeben. Das Schiff war der Eisbrecher »Sigyn«, der – wie sich später herausstellte – für die Minengesellschaft Greenex testete, ob man die Schifffahrt zur Zinkgrube Schwarzer Engel mit Eisbrecherhilfe um zwei bis drei zusätzliche Monate im Jahr ausdehnen konnte.

Als sich die Jäger von ihrem ersten Schrekken erholt hatten, stellten sie sich mit ihren Hundeschlitten der »Sigyn« vor den Bug und vereitelten auch deren Versuche, die Menschensperre durch plötzliche Kursänderung zu umgehen. Die Männer hatten sich zu der spontanen Blockade entschlossen, weil die aufgebrochene Fahrrinne ihren Schlitten-Highway zu den traditionellen Jagdgründen durchschnitt. Außerdem wußten sie, daß der Unterwasserlärm der Schiffsschrauben die empfindlich auf jedes Geräusch reagierenden Robben vertreibt. Die »Sigyn« mußte unverrichteter Dinge wieder umkehren. Der Protest auf dem Eis von Niaqornaq mobilisierte die Öffentlichkeit in Grönland, Dänemark und Kanada: Greenex legte das ganze Vorhaben zu den Akten. Die Inuit hatten gesiegt – die »Sigyn« wurde zu einem Symbol für den Widerstand gegen das Vordringen der »rücksichtslosen Ausbeuter aus dem Süden«.

Verglichen mit den gewaltigen Dimensionen des APP-Vorhabens war das, was zur »Sigyn«-Blockade geführt hatte, eine Bagatelle. Und der Kampf gegen das Megaprojekt war auch nicht auf dem Eis eines Fjordes auszutragen, sondern – unter massivem Druck einer entprechend mobilisierten Weltöffentlichkeit – auf dem politischen Parkett der kanadischen Hauptstadt Ottawa. Denn alles hing von der Entscheidung der staatlichen Energiebehörde ab. Und die hatte eine gründliche Prüfung des Für und Wider zugesagt – mit zahlreichen Anhörungen von Experten und Betroffenen. Dazu gehörten auch die Inuit.

Es wurde ein Kampf Davids gegen Goliath. Den Inuit standen die vereinigten kanadischen Ölgiganten gegenüber: Petro Canada, Dome Petroleum, Nova, Transcanada Pipelines, Melville Shipping – massiv unterstützt von der an der Hebung des arktischen Riesenschatzes stark interessierten Regierung in Ottawa. Zwei Milliarden Dollar sollten in das Jahrhundert-Projekt investiert werden. Immerhin ging es um über 60 Milliarden Kubikmeter Gas, die im Laufe von 20 Jahren aus dem Drake-Förderfeld auf Melville Island im kanadischen Nordwesten ans Tageslicht geholt werden sollten. Nach 100 Kilometern Pipeline sollte das Gas auf minus

160 Grad Celsius heruntergekühlt und dadurch verflüssigt werden. Dann sollte es auf zwei Spezialtanker-Riesen durch die legendäre Nordwestpassage, den Lancaster-Sund, die Baffin Bay und durch die Davisstraße entlang der grönländischen Westküste nach Süden transportiert werden. Die Tanker sollten jeweils die Größe von vier Fußballfeldern haben. Mammut-Motoren von 150 000 PS sollten sie selbst noch durch zwei Meter dickes Eis mühelos vorantreiben. Ein doppelter Schiffsrumpf mit einem futuristischen Eisbrecher-Design sollte die hochexplosive Ladung bei Unfällen schützen. 64 Passagen im Jahr waren vorgesehen – sommers wie winters, rund um das ganze Jahr.

Die Inuit hüben und drüben sahen ihren Lebensraum in höchster Gefahr. Der Lancaster-Sund, den die »schwimmenden Zeitbomben« passieren sollten, gehört zu den ökologisch wertvollsten Gebieten der ganzen Polarkappe. Er dient als Kinderstube für vier Fünftel aller Narwale. An die zehn Millionen Vögel brüten jedes Frühjahr an seinen Ufern.

»Wir sind auf das höchste besorgt, daß die ökologische Nahrungskette im aufgebrochenen Sund nachhaltig geschädigt wird«, machte der Inuit-Abgeordnete Finn Lynge seinen Kollegen im Europaparlament klar, die er als weltweite Bundesgenossen gegen das APP-Vorhaben mobilisierte. »Der Sund ist die biologische Basis für alles Leben in der Baffin Bay und in der Davisstraße. Sollte hier ein Supertanker einen Unfall haben, wären die Krabbenbänke – die wichtigste Rohstoffquelle für die grönländische Wirtschaft – für viele Jahrzehnte zerstört.« Hinter allem stand die Sorge, daß das »Arktische Pilotprojekt« nur der Anfang sein würde. Man fürchtete, daß nach den zwei Flüssiggastankern bald eine ganze Flotte von eisbrechenden Schiffen mit Gas und Öl an Bord zwischen den Förderfeldern im hohen Norden und den Industriezentren im Süden pendeln würden. Das Unfallrisiko würde sich vervielfältigen – die Bedrohung für das gesamte Leben im Meer wachsen. Denn würden bei einer Haverie große Ölmengen unter dem Eis ausströmen, hätte das eine ökologische Katastrophe von unvorstellbaren Ausmaßen zur Folge. Das Öl würde – ohne daß man davon etwas auffangen könnte – von unten in die meterdicke Eisdecke eindringen. Im Wasser selbst würde es sich wegen der niedrigen Temperatur nur sehr langsam abbauen. Das ozeanische Phytoplankton würde zerstört – und damit die sensibel ausbalancierte, alternativlose Nahrungskette des arktischen Meeres von den Krabben und Krebsen über die Fische bis hin zu den Robben und Walen. Sie alle hängen auf Gedeih und Verderb von dem winzigen Einzeller ab. Da der nur kurze polare Sommer das Wachstumstempo auf Zeitlupentempo reduziert, würde die biologische Regeneration des verseuchten Meeresgebietes jahrzehntelang auf sich warten lassen. Eine Ölpest bliebe bei den kräftigen arktischen Meeresströmungen auch nie lokal begrenzt.

Doch selbst ohne jede Katastrophe – so hatte sich der dänische Zoologe Berthel Møhl von der Universität Århus warnend zu Wort gemeldet – würde den Meeressäugern von den APP-Tankergiganten Gefahr drohen. Denn der Lärm der geplanten acht-Meter-Schiffsschrauben würde die akustische Kommunikation und das Sonarsystem der Wale bis auf eine Entfernung von 100 Kilometern so empfindlich stören, daß sie das Seegebiet für immer verlassen würden. Møhl: »Alle Wale hier müßten dann eigentlich Ohrenschützer tragen!«

Die ICC mobilisierte geschickt die Weltöffentlichkeit. So erschien der Robbenjäger Ussarqaq Qujaakitsoq in traditionellen Eisbärfell-Hosen und Robbenleder-Stiefeln samt Harpune und anderem Jagdgerät im Sommer 1982 in Ottawa vor dem Anhörungsausschuß der kanadischen Energiebehörde NEB. Eindrucksvoll und publicitywirksam demonstrierte er vor dem Gremium, wie sich der Jäger bei seiner Jagd auf Robben, Wale oder Walrosse lautlos anpirschen muß. Die Massenmedien hatten ihre Story – der geharnischte Protest der Inuit wurde mit ihr in die Öffentlichkeit getragen.

»APP iptunuartitaagallarnero!«, konnte ICC-Präsident Hans-Pavia Rosing im September 1982 stolz und zufrieden verkünden – »Das Spiel für APP ist aus!« Die Vertreter der Inuit hatten nämlich eine Unterbrechung der Anhörungen auf unbestimmte Zeit erreicht, weil die APP-Betreiber im Laufe des Verfahrens ihre Pläne grundlegend geändert hatten. Das Gas sollte nun nicht mehr in Richtung Südkanada und USA geliefert werden, weil dort der Markt nicht mehr genügend versprach, sondern statt dessen nach Europa. Damit waren viele Planungsdaten hinfällig. Aus der Unterbrechung der Anhörungen wurde ein stilles Begräbnis für das gesamte APP-Vorhaben, denn auch in Europa war man nicht sonderlich an dem Gas aus der fernen kanadischen Arktis interessiert. So gaben auch die deutschen Unternehmen Ruhrgas und Gelsenberg, auf die man besonders gesetzt hatte, den Kanadiern einen Korb.

Damit lohnte es sich unter dem Strich nicht mehr, das ambitiöse Projekt gegen den Druck der öffentlichen Meinung durchzusetzen. APP war tot – die ICC feierte das als ihren großen Sieg. »Wir haben vor aller Welt

Upernavik ist mit seinen 2200 Einwohnern die nördlichste Stadt Grönlands. Hier enden alle regulären Schiffs- und Flugverbindungen der Westküste. In Upernavik leben hauptsächlich Fänger mit ihren Familien.

ánáussissup oĸalugfia

bewiesen, daß wir Inuit vereint es selbst mit den größten Wirtschaftsgiganten aufnehmen und sie unter ihren eigenen Bedingungen schlagen können«, frohlockte John Amagoalik. »In Zukunft kann uns niemand mehr übergehen!«

Doch man beließ es nicht beim bloßen Protest – man entwickelte auch eine eigene grenzüberschreitende Strategie zum Schutz des natürlichen Lebensraumes. Als erstes machte man gründlich Inventur: Alle lebenden Ressourcen wurden erfaßt und alle Angaben in einer Datenbank gespeichert. Sie soll schon im Planungsstadium Kollisionen vermeiden helfen, wenn Interessen der technischen Entwicklung der Nordregion auf die traditionelle Nutzung ihrer Naturreserven treffen. Längst sitzt die ICC als Berater mit am Verhandlungstisch, wenn auf internationalen Konferenzen über arktische Probleme gesprochen wird – selbst die UNO hat die ICC als Gesprächspartner mit NGO-Status (Non Govermental Organization) anerkannt. Ende 1989 saßen zum ersten Mal Regierungsvertreter aller acht Nationen rund um den Nordpol im lappländischen Rovaniemi zusammen, um auf Initiative der finnischen Regierung über ein gemeinsames Vorgehen beim Schutz der arktischen Umwelt zu beraten. Die ICC wurde als »Experte« hinzugezogen.

Doch die Inuit sehen sich nicht nur als die verantwortlichen Hüter des Friedens mit der Natur in ihrer Region. Sie lassen auch keine Gelegenheit vorübergehen, auf Frieden im militärischen Sinn zu drängen, denn mit dem schwindelerregenden Fortschritt der Waffentechnik war die Arktis in Ost und West immer mehr in das Visier der Militärs geraten. Schließlich führt der kürzeste Weg zwischen den beiden Supermächten über den Pol – auch der Weg für die todbringenden Flugkörper. So erhielt Michail Gorbatschow lebhaften Beifall, als er am 1. Oktober 1987 in Murmansk dazu aufrief, die Arktis in eine Zone der Entspannung zu verwandeln und aus dem Nordpol einen Pol des Friedens zu machen. Glasnost hatte die Arktis erreicht. 1989 durften die ersten Yuit – wie sich die Eskimos aus dem nordostsibirischen Tschukotka selbst nennen – nach Sisimiut in Grönland reisen – zum großen Treffen mit ihren Eskimoverwandten aus Alaska, Kanada und Kalaallit Nunaat (Grönland). Man traf sich in dem Bewußtsein, trotz der Trennung durch Zeit und Raum ein Volk zu sein, das über Jahrtausende durch seine einzigartige Kultur die extreme Herausforderung durch die übermächtige Natur bestanden hat. Es ist ein Volk, dessen Lebensraum um den halben Erdball reicht und das doch mit allen seinen Menschen, vom Kleinkind bis zum Greis, bequem im Berliner Olympia-Stadion Platz fände.

Die Festtagstracht, die mit ihrem farbenprächtigen Glasperlenkragen und dem weißen Anorak eigentlich ein Symbol der Kolonialzeit ist, gilt trotz der politischen Emanzipation als Nationaltracht.

EIN LOCH DURCH 500 000 JAHRE WELTKLIMA

Das Inlandeis soll der Wissenschaft seine tiefgefrorenen Informationen über die Vergangenheit unseres Planeten preisgeben

Als Caesar an den Iden des März 44 v. Chr. ermordet wurde, »zeigte selbst die Sonne Mitleid mit Rom. Sie verfinsterte ihr Angesicht und ließ das unfromme Geschlecht ewige Nacht fürchten«. So steht es bei Vergil, einem Zeitgenossen Caesars. Sein Dichterkollege Ovid schreibt von der »verdüsterten Scheibe der Sonne, die ihr mattes und bleiches Licht über die zagenden Lande sendet«. Auch Plinius der Ältere berichtet von der Verfinsterung des Tagesgestirns nach dem Dolchstoß des Brutus.

Aus dem Ewigen Eis auf Grönland wissen wir heute – durch exakte Analysen im Isotopenlabor wissenschaftlich abgesichert – daß die Hinweise auf die Caesars Tod begleitenden Himmelserscheinungen nicht dichterischer Phantasie entsprangen, sondern die natürlichen Folgen eines größeren, nirgendwo erwähnten Vulkanausbruchs im Jahr vor dem Attentat waren. Dieser Ausbruch hat seine chemischen Spuren genauso im Grönlandeis hinterlassen wie der des Vesuvs im Jahre 79 n. Chr., der Pompeji, Herculaneum und Stabiae untergehen ließ.

Die Zeugen des vulkanischen Geschehens im alten Rom liegen als winzige Schwefelsäuretropfen irgendwo in 450 Metern Tiefe in dem polaren Eisklotz gespeichert. Bei genau 736,1 Metern fand man die Schwefelsignatur der größten tektonischen Katastrophe, die das antike Griechenland getroffen hat. Es war der Ausbruch des Strongyle (»die Runde«), der zugleich der Untergang dieses riesigen Inselvulkans im Ägäischen Meer war. Denn der Feuerberg zerbarst dabei in einer gewaltigen Explosion. Meerwasser füllte den zerbrochenen Krater und überflutete weite Teile der Insel. Die Ränder dieses Kraters bilden heute die ringförmige Thíra-Inselgruppe (Santorin). Bei dieser Katastrophe, so glauben die wissenschaftlichen Spurensucher im Grönlandeis, könnte das sagenumwobene Atlantis untergegangen sein. Im Laufe einer einzigen Nacht, so Platon, versanken nach gewaltigen Erdbeben und Flutwellen »alle waffentragenden Männer in der Erde, und die Insel Atlantis verschwand in der Tiefe des Meeres«. Doch ob Atlantis oder nicht – das Jahr des Ausbruchs glaubt man jetzt mit Hilfe der Spuren im Eis auf 1645 v. Chr. festschreiben zu können – mit dem minimalen Unsicherheitsfaktor von plus/minus sieben Jahren.

vorhergehende Doppelseite: Weit ragt die gewaltige Gletscherzunge des Ewigen Eises bei Narsarsuaq ins Land.

Den Nachweis für die vulkanischen Aktivitäten der vergangenen Jahrtausende brachten Eiskerne, die man bei einem knappen Dutzend Bohrungen im Inlandeis gewonnen hat. Mit der tiefsten Bohrung haben Wissenschaftler aus sieben europäischen Ländern im Sommer 1990 begonnen. Bei diesem ambitiösen gemeinsamen Forschungsvorhaben GRIP (Greenland Icescore Project) soll der gewaltige Eispanzer an seiner höchsten Stelle, am Summit (Gipfel), bis auf den Felsen darunter durchbohrt werden. Das wird ein armdickes Loch von 3120 Metern Tiefe. Das ehrgeizige Ziel will man 1992 erreichen.

Nur 30 Kilometer von den Europäern entfernt sind amerikanische Forscher zur gleichen Zeit dabei, das Eis mit einer entsprechenden, eigenen Bohrung zu perforieren. Ihr Konkurenzunternehmen trägt die Bezeichnung Greenland Ice Sheet Project II (GISP II). Die Amerikaner hatten 1966 als erste die grönländische Eiskappe bei Camp Century angebohrt – bis in eine Tiefe von 1400 Metern. Dabei hatte man entdeckt, daß die deutlich erkennbaren Eisschichten wie die Jahresringe eines Baumes die exakte Datierung ihrer Entstehung zuließen. Man war auf einen »Kalender« gestoßen, der weit in die Vergangenheit reichte. Und dieser Kalender hatte wichtige Klimadaten im Eis gespeichert. Als man es schaffte, mit komplizierten Analyseverfahren seine als chemische Spuren in die Gegenwart hinüber geretteten Daten zu entziffern, erlebte man manche Überraschung.

Mit dem Eiskern der Jahre um 985 konnte man ziemlich eindeutig den guten Ruf Eriks des Roten wiederherstellen. Isländische Sagaschreiber hatten ihn zweihundert Jahre später andeutungsweise verdächtigt, die eisige Insel nur deshalb »Grünland« genannt zu haben, weil er mit diesem werbewirksamen Namen Siedler anlocken wollte. Der Klimakalender von Camp Century wies nach, daß Grönland schon während der 100 Jahre vor der Ankunft Eriks eine besonders warme Klimaperiode erlebt hatte – und somit der Süden wirklich grün war. Auch in den folgenden 300 Jahren blieb es warm, und die beiden Nordmännersiedlungen Vesterbygd und Østerbygd konnten wachsen und gedeihen. Für die Zeit um 1350 dann zeigt die Klimakurve aus dem Eis ein starkes Absinken der Temperaturen – um diese Zeit starb die weiter nordwärts liegende und der Kälte damit stärker ausgesetzte Vesterbygd aus. Wiederum 100 Jahre später verschwanden auch die Bewohner der Østerbygd spurlos – hier zeigt sich der Zusammenhang mit dem Klima allerdings nicht mehr ganz so deutlich wie bei der Westsiedlung.

Nach mehreren kleinen Bohrungen an verschiedenen Stellen des Inlandeises durchstieß man 1981 nahe der US-Radarstation Dye 3 in Südgrönland die Eiskappe 2037 Meter tief bis auf den Felsen. Damit hatte man sich durch 130 000 Jahre Klimageschichte gebohrt. Wissenschaftler aus den USA, Dänemark, Island, Japan und der Schweiz waren daran beteiligt.

Selbst unmittelbar am Fuß des Inlandeises reifen noch Blaubeeren. Die Pflanzen haben nur kleine Stengel und wenige, kleine Blätter. Sie sind dem arktischen Klima hervorragend angepaßt.

Die vielfältigen Informationen, die säuberlich nach Jahren übereinandergestapelt im Eis auf den Abruf warten, haben das grönländische Inlandeis in jüngster Zeit immer mehr zum Magneten für die internationale Forschung werden lassen. Denn nirgendwo sonst auf der Nördlichen Halbkugel gibt es ein Klimaarchiv, das – wie die Antarktis auf der Südlichen Halbkugel – mehrere 100 000 Jahre in die Vergangenheit zurückreicht. Wenn man 1992 beim Unternehmen GRIP am Boden des 3120-Meter-Loches angelangt sein wird, hofft man das Klima zu kennen, in dem vor etwa 250 000 Jahren in Europa der Neandertaler lebte. Und wenn das »eisige Gedächtnis« hier sogar eine halbe Million Jahre zurückreicht, was die Wissenschaftler durchaus für möglich halten, würden wir wissen, mit welchem Klima der Vorfahre des Neandertalers, der Frühmensch Homo erectus heidelbergensis vor ungefähr 1 Million Jahren im Neckartal fertigwerden mußte – noch ohne jedes wärmende Feuer.

Der unsere Erde bedrohende Treibhauseffekt hat das grönländische Inlandeis verstärkt zum Objekt der internationalen Forschung werden lassen.

Der dänische Isotopenphysiker Professor Willi Dansgaard, der sich mehr als drei Jahrzehnte der Erforschung des Grönlandeises gewidmet hat, gerät ins Schwärmen, wenn er von seiner »Datenbank im Eis« spricht: »Eine Welt der Schönheit und der tristen Einförmigkeit, der lärmenden Dramen und der ohrenbetäubenden Stille, unendlich groß und kalt. Ein Anachronismus aus der Eiszeit, arm an Lebensmöglichkeiten, aber reich an Informationen über die Naturbegebenheiten der Vergangenheit. Das ist ein einzigartiges Langzeitgedächtnis unseres Planeten, ein gewaltige Herausforderung an die Forscher!«

Etwas nüchterner beschreibt Dansgaard dann die wissenschaftlichen Möglichkeiten, die diese grönländische Eismasse bietet, die größer ist als alle Gletscher der Welt zusammen – die Antarktis ausgenommen. »Sie liefert Informationen über die chemische Zusammensetzung der Atmosphäre und deren Änderungen im Laufe von Jahrhunderten und Jahrtausenden, über den Transport von Energie und Stoffen in der Atmosphäre, über die Klimafolgen von Vulkanausbrüchen oder über die Häufigkeit und Regelmäßigkeit von Wetter- und Klimaextremen, aus denen sich gesetzmäßige Rhythmen ablesen

lassen. Nach unseren Klimakurven sind wir eigentlich auf dem Weg zur nächsten Eiszeit. Jetzt ist die Frage nur, wie sich der vom Menschen selbst gemachte Treibhauseffekt und der Ozonschwund auf das komplizierte Netzwerk von physikalischen, chemischen und biologischen Prozessen in der Atmosphäre und in den Ozeanen auswirkt, das Netzwerk von unterschiedlichen Rückkopplungen, aus dem Klima besteht. Auf jeden Fall wird GRIP das Wissen über die vielfältigen Klimamechanismen vergrößern. Wir brauchen die Daten der Vergangenheit, um bessere Modelle für die Zukunft des Weltklimas zu entwerfen. Das Eis ist dabei längst zu einem unverzichtbaren Helfer geworden.«

Die starke internationale Beteiligung an den beiden Großforschungsvorhaben GRIP und GISP II sowie an dem knappen Dutzend begleitender, kleinerer Forschungsprojekte zeigt, daß die Eisforschung auf Grönland dabei ist, einen großen Sprung nach vorn zu machen. Die Wissenschaft profitiert dabei von den klimatischen Schreckensszenarien, die mit der weltweiten Diskussion über den unseren Globus bedrohenden Treibhauseffekt und das Ozonloch die Öffentlichkeit beschäftigen. Der große, grönländische Eis-

Wie Jahresringe eines Baumes zeichnen sich die Jahresschichten des Eises deutlich ab. Mit zunehmender Tiefe werden sie immer dichter zusammengepreßt. Das 10 000 Jahre alte Eis mißt in 1600 Metern Tiefe noch zehn Zentimeter, das 100 000-Jahre-Eis wohl nur noch Millimeter.

klotz zeigt plötzlichen »praktischen« Nutzen für die Wissenschaft, während er bis dahin eigentlich »nur« die Glaziologen interessiert hatte. Die Geschichte seiner Erforschung zeigt das, von wenigen internationalen Großforschungsvorhaben abgesehen, deutlich.

Der Blick zurück in die Geschichte: Den frühen Entdeckern der Arktis war es – neben der Suche nach Gold – vor allem darum gegangen, den nördlichen Seeweg zu den Schätzen Indiens und Chinas zu finden. Später hatten die Expeditionen der Polarforscher mit den großen Namen die Eroberung des Nordpols zum Ziel. Doch dieser magische Scheitelpunkt des Erdballs hatte eigentlich nur Bedeutung als spektakuläre Rekordmarke für persönlichen Ehrgeiz oder nationales Prestige. Die wissenschaftliche Ausbeute dieser Expeditionen, die man mit ungeheurem finanziellen Aufwand, aber auch menschlichen Opfern erkaufte, war eher kläglich. Karl Weyprecht, der die dramatische österreichisch-ungarische Nordpolarexpedition mit der »Admiral Tegetthoff« leitete, forderte nach der Rückkehr 1874 – enttäuscht von den wissenschaftlichen Resultaten seiner Unternehmung – statt »teurer Polarfahrten lieber Polarwarten« auszurüsten – also an Land oder auf dem Eis selbst zu forschen.

Da die internationalen Geographenkongresse von London (1895) und Berlin (1899) die Erforschung der Terra australis, der Antarktis, erneut belebten, verharrte das grönländische Inlandeis auch weiterhin in seinem Dornröschenschlaf.

Erst mit dem deutschen Geophysiker und Meteorologen Alfred Wegener rückte das nordpolare Eis stärker in den Blickpunkt des wissenschaftlichen Interesses. Wegener, der das Inlandeis 1912/13 gemeinsam mit dem dänischen Grönlandforscher I. P. Koch mit (der wenig erfolgreichen) Hilfe von Islandponys überquert hatte, richtete 1930 in dessen Zentrum die Station Eismitte ein. Von ihr aus wurden erstmals in der Grönlandforschung über ein ganzes Jahr hinweg regelmäßige Messungen verschiedener Phänomene vorgenommen – selbst bei minus 64,8 Grad Celsius am kältesten Tag (20. 3. 1931). Mit seiner einmaligen wissenschaftlichen Ausbeute war das deutsche Unternehmen ein voller Erfolg – allerdings ein teuer erkaufter. Denn Alfred Wegener und sein grönländischer Begleiter Rasmus Villumsen mußten ihn im November 1930 beim Marsch über das Inlandeis mit dem Leben bezahlen. Die wissenschaftliche Arbeit bei der Überwinterung leisteten Ernst Sorge, Johannes Georgi und Fritz Loewe.

Nicht weit von Wegeners Station Eismitte hatte der französische Grönlandforscher Paul Emile Victor 20 Jahre später seine Station Central angelegt, die er bei mehreren Expeditionen auf das Inlandeis benutzte. Sie war auch Basis für die Internationale Glaziologische Grönland Expedition (EGIG), die zwischen 1959 und 1968 als erste großangelegte Gemeinschaftsaktion europäischer Wissenschaftler die Erforschung der Eiskappe ein Stück voranbrachte. Ihr geodätisches Netzwerk wird heute noch ständig neu vermessen – so auch für das laufende GRIP-Vorhaben.

Mit dem Kalten Krieg zwischen Ost und West zeigten die Militärs ein wachsendes Interesse an dem strategisch wichtig gewordenen Polargebiet. 1952 legte die US-Luftwaffe mit Zustimmung der Dänen in der Nähe von Thule, dem heutigen Qaanaaq, einen riesigen Stützpunkt an. Das gab dem US Army Polar Research and Development Command

Erst der Blick vom gegenüberliegenden Bergrücken läßt die gewaltigen Dimensionen des Gletschers deutlich werden.

die Möglichkeit, das benachbarte Inlandeis als ein gigantisches Labor für eine Vielzahl von militärisch interessierenden Tests und Experimenten zu nutzen. Diese wurden von intensiven wissenschaftlichen Untersuchungen auch auf vielen Gebieten der Grundlagenforschung begleitet, wobei die Kosten keine Rolle spielten. 1960 frästen die Amerikaner 225 Kilometer östlich von Qaanaaq in 2200 Metern Höhe auf dem Inlandeis eine kleine Stadt für 200 Einwohner mit Hospital, Kino, Bibliothek, Werkstätten und Labors tief in den Eisblock: das Camp Century. Ein eigener Atomreaktor versorgte dieses »untereisische« Forschungszentrum mit Energie. Schon nach sechs Jahren wurde es wieder geschlossen. Zuvor aber hatte man die erste grönländische Eiskernbohrung niedergebracht, die – nebenbei – Erik den Roten rehabilitiert hatte.

Anfang der siebziger Jahre hatten dramatische Meldungen über wachsende Kälte im nördlichen Polargebiet die Öffentlichkeit aufgeschreckt – man sah schon die nächste Eiszeit unmittelbar vor der Haustür. Im Frühjahr 1970, so konnte man lesen, habe sich das Grönlandeis eine Fläche so groß wie die damalige Bundesrepublik dazuerobert. In Ittoqqortoormiit (Scorebysund), an der Ostküste, brachte der März 1969 den kältesten, je registrierten Monatsdurchschnitt. Die Diskobucht hatte 1970 ihren kältesten Sommer erlebt. Innerhalb von zehn Jahren waren die Jahresmitteltemperaturen auf Spitzbergen und Jan Mayen um 2,5 Grad gefallen. 1972 brachte einen Jahrhundertrekord bei der »Produktion« von Eisbergen. Vom Februar bis September drifteten mit dem Labradorstrom 1587 der schwimmenden, weißen Riesen über den 48. Breitengrad hinaus nach Süden – in den 25 Jahren zuvor waren es im Schnitt nur 207 gewesen. Einige schmolzen erst auf der Hölhe von Philadelphia und Mallorca – 400 Kilometer weiter im Süden als sonst. Die »Queen Elizabeth II« mußte ihre Amerika–Route 150 Kilometer weiter nach Süden verlegen.

Auch das Meer selbst blieb von der neuen Kälte nicht verschont. Von 1953 bis 1972 sank die Oberflächentemperatur um 0,5 Grad Celsius ab. Der Meteorologe Martin Rodewald vom Seewetteramt Hamburg sah darin ein riesiges Defizit an Wärme. Bei anhaltender Entwicklung prognostizierte er einen Wärmeverlust von 50 Billionen Kalorien pro Quadratkilometer. In den grönländischen Gewässern zeigten sich deutlich die unmittelbaren Folgen: Das kalte Wasser vertrieb den Kabeljau, auf den man gerade seine ganze Hoffnung gesetzt hatte. Das bedeutete eine Katastrophe für die anfällige Wirtschaft der Insel. 1974 orakelte die American Association for Advancement of Science (AAAS), der Zuwachs der arktischen Eiskappe könne der Beginn der Neuen Eiszeit sein. Die Schreckensszenarien sahen für das Jahr 2000 Eisberge in der Nordsee schwimmen.

Als ich Professor Dansgaard damals im Geophysikalischen Isotopenlaboratorium in

Aus dem Flugzeug in 10 000 Meter Höhe gesehen erinnert das Inlandeis mit seinen Spalten und Rissen an eine Elefantenhaut.

Kopenhagen besuchte, um seine Eiszeit-Prognose zu hören, schlug er mir vor, zunächst seine Bibliothek mit den Klima-Jahrbüchern zu besichtigen – aber bitte im Mantel. Er führte mich in den Keller des Instituts, wo bei einer Temperatur von minus 20 Grad Celsius unzählige Behälter aus Metallrohren gestapelt lagen, mit Eiskernen aus verschiedenen Bohrungen im grönländischen Inlandeis. Man hat die Proben hier auch gleich für Analysenmethoden künftiger Jahre archiviert. »Da liegen alle meine Jahrbücher«, strahlte der Wissenschaftler, »hier haben wir 982 – Erik der Rote; dort 1721 – die historische Landung von Hans Egede auf Grönland, mit dem die zweite europäische Epoche für die Insel begann. Wäre Egede 50 Jahre früher gestartet, hätte er Grönland vermutlich gleich wieder den Rücken gekehrt. Denn da herrschte dort noch die Kleine Eiszeit, die zweihundert Jahre dauerte und die kälteste Periode auf der Nördlichen Halbkugel seit Ende der letzten großen Eiszeit war.« Drohte jetzt die Neue Eiszeit? Dansgaard zeigte auf die Regale. »Nach unseren »Jahresbüchern« hier ging die letzte Eiszeit vor 10 700 Jahren zu Ende. Wir wissen aus unseren Messungen, daß die Perioden zwischen den Eiszeiten nur um die 10 000 Jahre dauern, und daß es seit 5000 Jahren schon wieder kälter wird. Sicher sind wir auf dem Weg in die nächste Eiszeit. Aber die Kältewelle der letzten Jahre muß noch lange nicht bedeuten, daß sie schon hinter der nächsten Ecke wartet.«

Spätestens in der zweiten Hälfte der achtziger Jahre war die Neue Eiszeit vergessen – aus der Arktis kamen andere Alarmsignale. U-Boote der britischen Marine, die über Jahre hinweg Messungen unter dem Packeis vor Nordgrönland vorgenommen hatten, stellten 1987 fest, daß die Decke mit ihren 4,5 Metern um einen Meter dünner war als 1976. Das norwegische Polarinstitut registrierte eine auffällige Abnahme des Eises in der Barentssee. Die Schneedecke über dem nördlichen Polargebiet schmolz mehr als früher – der neue Begriff vom Treibhauseffekt nahm offenbar konkrete Formen an. Denn die neuen arktischen Tauwetter-Phänomene fielen in das Jahrzehnt mit den höchsten Temperaturen auf dem Erdball – die »warmen Achtziger« 1988, 1987, 1983, 1981, 1980 und 1986 belegen die sechs ersten Plätze auf der Jahrhundert-Rangliste der Welttemperaturen.

Zeigte sich also zuerst in der Arktis, daß der Mensch dabei ist, seinen Planeten aus Schornsteinen, Auspuffrohren, Jetdüsen, Spraydosen, Kühlaggregaten, Mülldeponien, Kuhställen, Reisfeldern und durch Abholzen von Regenwäldern zu überheizen? Würde der hausgemachte Klimastau auf Grönland das Ewige Eis schmelzen lassen, und würden dessen Wasser als Sintflut den Lebensraum von vielen Millionen Menschen unter sich begraben? In biblischen Zeiten kamen Warnungen vor Katastrophen aus dem Munde von Propheten. Für die Treibhaus-Katastrophe lieferten die Großrechneranlagen der Ozeanographen und Klimatologen die Daten. Dabei wogte zunächst eine gewaltige Flut von widersprüchlichen Modellen und Prognosen und von konträren Beurteilungen des Treibhaus-Syndroms durch ganze Heerscharen von Experten über die verunsicherte Menschheit hinweg.

Im Hamburger Max-Planck-Institut für Meteorologie hat man eine der leistungsfähigsten Großrechneranlagen der Welt, das elektronische Superhirn Cray-2, mit Millionen und Abermillionen von Daten gefüttert, die das komplexe Klimageschehen zu Lande, zu Wasser und in der Atmosphäre beeinflussen. Zum ersten Mal wurden auch die komplizierten Wechselwirkungen zwischen Weltmeeren und Lufthülle in das Modell einbezogen, was jeden anderen Rechner überfordert hätte. Ende 1990 hatte Cray-2 seine Prognose bis zum Jahr 2035 parat: Das Weltthermometer soll statt der bisher prophezeiten drei bis vier Grad »nur« um 0,8 bis 1,2 Grad höher klettern als im Referenzjahr 1985. Aber selbst diese 0,2 Grad pro Jahrzehnt würden nach Meinung des Institutsleiters, Professor Klaus Hasselmann, noch katastrophale Folgen haben, die sich vor allem für die Nördliche Halbkugel dramatisch auswirken würden. Für Grönland, so prophezeite Cray-2, würde ein Grad globaler Anstieg eine Erwärmung um drei bis vier Grad zur Folge haben.

Steigt die Temperatur im Jahresmittel um fünf Grad, würde das Inlandeis die Ozeane der Welt nach einer Modellrechnung der Wissenschaftler der GGU (Geologische Untersuchung Grönlands) in 100 Jahren um 20 Zentimeter ansteigen lassen. Schon dieses scheinbar geringfügige Ansteigen des Meeresspiegels würde unabsehbare Folgen für die Küstenländer haben. Doch noch sträubt sich der Eisklotz, den Modellrechnungen zu folgen und abzuschmelzen. Im Gegenteil: Der Panzer wird noch laufend dicker – jährlich um 23 Zentimeter. Zu dieser zunächst überraschenden Feststellung kam die Nasa im Frühjahr 1990 durch Radarmessungen von drei Satelliten, die das Grönlandeis schon seit 1975 regelmäßig beobachten. Südlich des 72. Breitengrades hatte der Eisschild in den letzten 15 Jahren sogar um 3,20 Meter zugelegt.

Für die Experten der Weltraumbehörde bedeutet das keine Entwarnung beim Treibhaus-Alarm. Kurzfristig, so meinen sie, würde durch die Erwärmung mehr Wasser verdampfen und als Regen und Schnee dem Riesengletscher zusätzliches Futter geben. Das dabei im Eis gebundene Wasser würde das Meer sogar noch absinken lassen. Irgendwann aber würde selbst der widerspenstigste Eisblock auf die höheren Temperaturen mit verstärktem Fließen reagieren und durch verstärkte Eisbergproduktion die Meere ansteigen lassen. Doch wie lange solche klimatischen Prozesse brauchen, sagen die Modelle nicht voraus.

Bei der Tiefenbohrung nahe Dye 3 im Jahr 1981 hatte das Eisarchiv seine interessantesten Informationen bei 1750 Metern Tiefe preisgegeben. Der Bohrkopf war da in der Zeit um 10 700 v. Chr. angekommen. »Wir erfuhren zu unserer Überraschung, daß es damals an der Schwelle von der letzten Eiszeit zur unserer jetzigen Wärmeperiode nur 30, 40 Jahre dauerte, bis die Kälte verschwand. In dieser extrem kurzen Zeit stiegen die Temperaturen um fünf Grad an. Das reichte aus, die geschlossene Eisdecke auf dem Nordatlantik in wenigen Jahrzehnten aufbrechen zu lassen. Die Öffnung des Meeres hatte sofort ein anhaltendes, ruhiges Klima ohne die heftigen Stürme der vorangegangenen Zeit zur Folge«, berichtete Professor Willi Dansgaard.

Und Dorthe Dahl-Jensen, eine junge Geophysikerin aus Dansgaards Kopenhagener Institut, fügte voller Begeisterung hinzu: »Ich stand da mit dem Eisblock in der Hand, als er gerade ans Tageslicht geholt wurde. Wir sahen gleich, daß er eine wissenschaftliche Sensation war: Wir waren die ersten auf der Welt, die damit eindeutig nachweisen konnten, daß sich Klimaänderungen dieses Ausmaßes in so kurzer Zeit vollziehen können. Das war aufregend und beunruhigend zugleich, denn wir waren ja alle überzeugt,

Die Welt aus Eis mit ihrem fremdartigen Zauber erweist sich immer wieder als einzigartiges Archiv für die Wissenschaftler, in dem die Zeugen des Klimas der nördlichen Halbkugel über eine halbe Million Jahre aufbewahrt sind.

daß sich derartige Umwälzungen über Jahrtausende hinziehen.«

Die fünf Grad Celsius, die aus der letzten Eiszeit in wenigen Jahrzehnten eine »normale« Klimaperiode gemacht hatten, sind etwa dieselbe Größenordnung, um die es jetzt bei der Bedrohung durch den Treibhauseffekt geht. Kann der Klimakalender im Eis vielleicht wiederspiegeln, was die nächste Zukunft für uns bereithält? Liegen in den Tiefen des Inlandeises die Modelle für ein Klimageschehen, das den heutigen Umständen entspricht? Die Antwort kann spannend werden. Denn die bisherigen Bohrungen – einschließlich des 2000-Meter-Loches, das die Russen 1987 bei der Station Wostock in das Eis der Antarktis gedrillt haben – zeigen ziemlich eindeutig, daß die prähistorischen Wechsel von Eiszeiten zu wärmeren Epochen von einem ähnlichen CO_2-Zuwachs in der Atmosphäre begleitet waren, wie ihn der Mensch heute produziert. Bisher weiß niemand, ob die CO_2-Schwankungen die Ursache oder vielleicht nur die Folge von Klimaschwankungen waren, und ob der Treibhauseffekt unter Umständen andere klimawirksame Faktoren verstärkt – zum Beispiel die sich periodisch verändernde Lage der Erdachse.

Es waren nicht zuletzt diese Fragen, die Klimatologen aus acht europäischen Ländern und aus den USA im Sommer 1990 auf den Gipfel trieben – auch Wissenschaftler des Alfred-Wegener-Institutes aus Bremerhaven sind dabei. Vom Eisplateau »Summit«, das mit 3200 Metern die höchste Erhebung des grönländischen Eisschildes ist, werden sie voraussichtlich bis 1993 mit den beiden Großforschungsvorhaben GRIP und GISP II akribische Detektivarbeit zur Klimavergangenheit leisten. Mit ihren Drei-Kilometer-Löchern wollen sie noch bis hinter die vorletzte Eiszeit vor 200 000 Jahren zurückblicken, wenn nicht gar noch weitere Eiszeiten in den untersten Schichten archiviert liegen.

Der Gipfel bei 72,29° N, 38,0° W zeigt sich während des Sommers – wo man zehn Wochen lang bohren kann – als eine unendliche Ebene von makellosem Weiß, über der wie Halluzinationen dünne Wolken aus Eisdiamanten flimmern und glitzern. Das Thermometer schafft es hier selbst im Juli selten, über 20 Minusgrade anzusteigen. So muß unser Globus immer wieder in den langen Kälteperioden ausgesehen haben, wenn der Urfrost alles unter sich erstarren ließ.

Die konstante Tieftemperatur von minus 35 Grad Celsius im Jahresmittel war einer der Gründe dafür, daß man mit den beiden Bohrlöchern auf den Gipfel gegangen ist. Selbst der Hochsommer läßt hier den Schnee nicht schmelzen – die Jahresschichten bestehen also aus reinem Preßschnee, der die Information besser speichert als Schmelzeis. Ein weiterer Grund sind die besonders sauberen Schichtungen, die man nur am höchsten Punkt des Eisgebirges findet. Denn trotz seiner scheinbar regungslosen Starre driftet das Eis wie eine zähe Flüssigkeit in ständiger Bewegung zu den Küsten hin. Nur im Zentrum allen Fließens sinkt Schicht um Schicht genau lotrecht in die Tiefe.

»Summit bietet für uns geradezu phantastische Verhältnisse«, begeisterte sich der Berner Geophysiker Professor Bernhard Stauffer nach Abschluß der ersten Bohrperiode im Sommer 1990. »Wir haben geradezu eine Superauflösung der Zeitskala. Für die jüngere Zeit sind die Jahresschichten etwa 25 Zentimeter dick. Bei Ende der letzten Eiszeit, vor gut 10 000 Jahren, sind es noch immer zehn Zentimeter für jedes Jahr. Wenn wir – vermutlich 200 Meter über dem Felsbett – beim Anfang der Eiszeit vor 130 000 Jahren angelangt sein werden, dürfte das einzelne Jahr zu einem Millimeter zusammengepreßt sein. Aber selbst dann noch bietet das Eis eine Fülle von Informationen.« Ammoniak zum Beispiel können die Berner nach einer von ihnen entwickelten neuen Analysemethode selbst bei einer Verdünnung von 1 : 1 Milliarde noch im Schmelzwasser von Eisproben aufspüren. Die Meßkurven, die die Schweizer mit diesem Verfahren aufgezeichnet haben, zeigen mehrmals pro Jahrhundert extreme Ammoniak-Konzentrationen. Hier – so meint man – hat das Eisarchiv riesige Waldbrände in Europa oder auf dem amerikanischen Kontinent registriert.

Auch Richard Alley von der Pennsylvania State University schwärmt von dem präzisen Kalender, den die amerikanischen Forscher in ihrem Loch dreißig Kilometer neben der GRIP-Bohrung vorgefunden haben. »Bis 750 Jahre zurück können wir die Proben durch bloßes Zählen der Schichten einwandfrei datieren. Wenn man sie durchleuchtet, kann man mit bloßem Auge die dunklen Ringe des Sommers und die hellen des Winters unterscheiden.«

Zwei große, schwarze Kuppeln krönen heute die schneeweiße Gipfelebene des Ewigen Eises – die Südliche und die Nördliche Halbkugel, wie die 30 Wissenschaftler, Techniker und übrigen Mitarbeiter von GRIP die beiden Gebäude nennen. In dem einen, das als Unterkunft dient, führte in der Bohrsaison 1990 unbestritten Ruedi Pfäffli das Regiment. Daheim im bernischen Bangerten ist er Chefkoch im Högli – hier auf dem arktischen Plateau sorgt er für das leibliche Wohl des europäischen Forscherteams. Unter der anderen Kuppel hört alles auf Bernhard Stauffer aus Bern und Willi Dansgaard aus Kopenhagen – beide Professoren sind Pioniere der Eiskernforschung. Unter ihrem schwarzen Dach liegt – viele Meter tief in das Eis gefräst – ein Labyrinth von Gängen, die zu den Labors, Meßräumen und Arbeitshallen führen. Das Herz ist die Bohrhalle mit dem in Dänemark entwickelten Istuk-Bohrer. Hier wird in drei Schichten rund um die Uhr gearbeitet, um die kurze Spanne der zehnwöchigen Bohrperiode voll zu nutzen. Die Wissenschaftler haben dafür einen eigenen Tagesrhythmus entwickelt, denn Tag und Nacht gibt es hier oben im Sommer ohnehin nicht – die Sonne steht 24 Stunden lang am Himmel, ohne irgendwo hinter der weißen Unendlichkeit zu verschwinden.

Elektronisch gesteuert und überwacht holt der Bohrer gut zwei Meter lange, armdicke Eisstangen aus der Tiefe. Damit das Bohrloch unter dem gewaltigen Druck der Eismassen nicht zusammengepreßt wird, füllt man es ständig mit einer dieselölähnlichen Flüssigkeit auf, die die Dichte von Eis hat. Himmelblau schimmernd kommt Eiskern auf Eiskern ans Licht. »Liebevoll wie Hebammen nehmen zwei Leute das eiskalte und uralte Kind in die Arme und tragen es zur ersten Inspektion. Es wird registriert und vermessen, und die Fachleute stellen fest, daß es gut gewachsen ist und die Geburt nur mit minimalen Schrammen überstanden hat…«, schrieb der Schweizer Wissenschaftsjournalist Herbert Cerutti nach einem Gipfel-Besuch.

Die Wissenschaftler, die so liebevoll-behutsam mit ihren kalten Kernen umgehen, fahnden in ihren Labors im Eis und später in ihren Instituten nach vielerlei Spuren der Vergangenheit. Aus den hochkomprimier-

Auch im Zeitalter der Satelliten hat der Wetterballon bei der Erforschung der meteorologischen Vorgänge nicht ausgedient. Im Museum von Uummannaq (Dundas) werden die Reste der Ausrüstung des Geophysikers Alfred Wegener aufbewahrt.

ten Luftbläschen, die in unserem »Whisky on the Greenland-Rocks« in Narsarsuaq so geheimnisvoll gewispert und geflüstert hatten, analysieren sie den CO_2-Gehalt der eingeschlossenen Luft, denn das Kohlendioxid blieb in den Bläschen in seiner ursprünglichen Konzentration in der Atmosphäre gespeichert. Aus dem Vergleich des CO_2-Gehaltes mit der Temperaturkurve, die man – unter anderem – aus den unterschiedlichen Mengen von eingefrorenem Deuterium, einem schweren Wasserstoff-Isotop, rekonstruiert, erhofft man sich weitere Erkenntnisse über die Wechselwirkungen von Kohlendioxid und vergangenem Klima. Auch die Isotopen anderer in den Luftbläschen konservierter oder in den Wassermolekülen gebundener Gase zeigen sich auskunftsfreudig – bis hin zu den Krypton-81- und Beryllium-10-Isotopen, die Stärke und Schwankungen von kosmischer Strahlung nachverfolgen lassen. Zusammen mit eingeschlossenen Staubpartikelchen, Säuretröpfchen, Vulkanasche und Blütenpollen sind die Isotopen-Parameter wichtige Bausteine bei der Rekonstruktion der Klimageschichte.

Daß das Eis auch als ein Sündenregister der Menschheit deren leichtfertigen Umgang mit der Umwelt dokumentiert, zeigt die gespeicherte Radioaktivität von den Atombombentests auf dem Bikiniatoll 1946 bis zur Tschernobyl-Katastrophe vom 26. April 1986. Seit Mitte der achtziger Jahre weiß man auch, daß die Luft über dem grönländischen Eis im Winter genauso stark verunreinigt ist wie die über Nordeuropa – auch mit Partikeln von Schwefel und Schwermetallen. Auch von Rückständen organischer Chlorverbindungen wie PCB, die beim Versprühen von Pflanzenschutzmitteln in die Atmosphäre gelangen, blieb die arktische Insel nicht verschont. Und nicht zuletzt: Am 16. März 1990 teilte die Nasa mit, daß ihre Beobachtungsflugzeuge nunmehr auch über der Nordpolarkappe das gefürchtete Ozonloch ausgemacht hätten: mit einem Minus von fünf bis sieben Prozent. An einigen Stellen und in bestimmten Höhen seien sogar 15 bis 17 Prozent der Ozonschicht verschwunden. Am Südpol waren 1987 bereits 50 Prozent der schützenden Hülle zerstört.

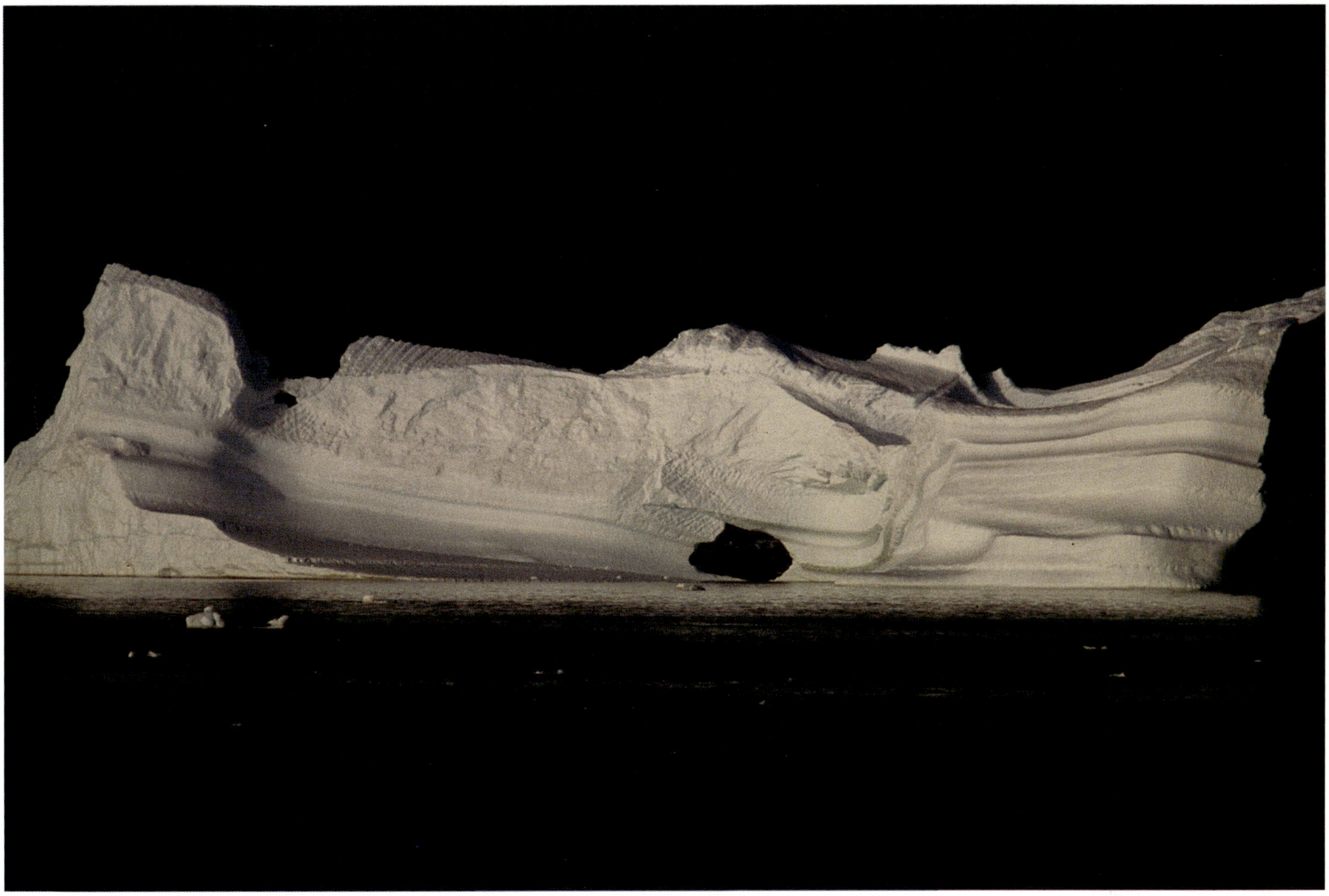

Noch wächst der Mammutgletscher Inlandeis. Seine Abbrüche treiben als Eisberge bis in die Höhe der Azoren.

Als die Sonne auf dem Gipfel am 11. August 1990 eine halbe Stunde vor Mitternacht zu einer kurzen Ruhepause hinter dem Horizont verschwand, trafen sich die 30 Mitarbeiter am GRIP-Projekt an der Eis-Bar zum Abschiedstrunk. Am nächsten Tag sollte die riesige C-130-Hercules der amerikanischen Küstenwache auf dem Eisplateau landen, um das Bohrteam nach Ende der Saison 1990 in die Zivilisation zurückbringen – mit 702 Metern Eiskernen für die »Schularbeiten« in den Instituten daheim. So weit war der Bohrer im ersten Jahr in den grönländischen Eisblock eingedrungen, der heute zusammen mit den benachbarten Polarmeeren die große »Wettermaschine« der Nördlichen Halbkugel ist. Es waren 702 Meter tiefgefrorene, chiffrierte Antworten auf die drängenden Fragen zum gegenwärtigen und künftigen Klimageschehen in der Welt.

AUF DEM HEILBUTT-HIGHWAY ERFAHREN

Wo die Hunde Vorfahrt haben, und die Peitsche Lenkrad, Gaspedal und Bremse ersetzt

vorhergehende Doppelseite: Der Hundeschlitten ist ein Verkehrsmittel, das, wie der Kajak, zu den genial dem Lebensraum angepaßten Erfindungen der Inuit gehört. Erst der Schlitten sicherte ihnen die ausreichende Versorgung mit Nahrung. Mit ihm konnte man während der langen Wintermonate die Jagdreviere weit ausdehnen. Selbst die riesigen Fleischberge eines erlegten Wales konnten über Berg und Tal heimtransportiert werden.

Irgendwie muß ich den schwierigen Versuch wagen, auch die Skeptiker unter meinen Lesern davon zu überzeugen, daß es unter ganz bestimmten Umständen nicht völlig unmöglich ist, sich mit Hilfe von acht bis zehn an einem sogenannten Schlitten irgendwie befestigten Hunden auf Schnee fortzubewegen.« Mit diesem vielsagenden Stoßseufzer beginnt der dänische Grönlandforscher Eigil Nielsen seine Betrachtungen über das wichtigste Verkehrsmittel der Arktis: den legendären Hundeschlitten.

Nielsen hatte 1939 während einer 4000-Kilometer-Expedition entlang der Ostküste im wahrsten Sinne des Wortes am eigenen Leibe erfahren, welche unerwarteten Tücken dieses Fahrzeug für einen ungeübten Nichteskimo bereit hält. Dabei hatte er nicht nur einen fortwährenden, verzweifelten Kampf gegen die acht Meter lange Peitschenschnur geführt, die für den Hundeschlitten Lenkrad, Gaspedal und Bremse zugleich ist. Er hatte vor allem auch leidvolle Erfahrungen mit der sensiblen Psyche der grönländischen Hunde gemacht. Deren Seelenleben, so Nielsen, müsse jedem Europäer ein ewiges Rätsel bleiben.

Ich war weit eher geneigt, diesem so schwer geprüften Dänen zuzustimmen als seinem großen grönländischen Forscherkollegen Knud Rasmussen, als ich mich nach Luft ringend und im Laufschritt durch den Schnee stolpernd mühte, auf den Beinen zu bleiben und die Holme meines Schlittens nicht aus der Hand zu verlieren. Die Hundemeute, die vor Energie zu bersten schien, zerrte unser Gefährt den steilen Hang hinauf – nichts konnte die eigensinnigen Tiere bewegen, ihr forsches Tempo zu drosseln. Simon, mein grönländischer Schlittenführer, trabte locker – ganz ohne Mühen, wie es schien – neben mir bergauf.

Völlig außer Atem spurtete ich, an die Holme geklammert, über Felskuppen, Eis und Schnee – verpackt in Fellstiefel und Eisbärenfellhosen, Daunenanorak, wollene Schlupfmütze, doppelte Pullover und Thermo–Unterzeug. Es werde bestimmt hundekalt werden, hatte man mich gewarnt. 20, 25 Minusgrade und dann der beißende Wind! Ich hatte vorgesorgt – in meinem Anorak steckten sogar Taschenöfen mit glühenden Brennstäben. Aber da war weder arktische Kälte noch Eiswind zu spüren, als ich keuchend und schweißgebadet den munter bergauf trabenden Hunden nachstolperte – verdammte, eigensinnige Hunde!

Dabei hatte ich Knud Rasmussen anfangs noch fröhlichen Herzens beigepflichtet, als wir Ilulissat (Jakobshavn) verließen, wo eigene Verkehrsschilder den Hundegespannen Vorfahrt einräumen. Unser Schlitten flog über die Ebene, der Bergkette am Horizont entgegen. Wir glitten über ein Meer glitzernder Schneekristalle. Unsere ausgeruhte Hundemeute griff – in einem weiten Fächer vor dem Schlitten – kräftig aus. Ich genoß unter der strahlenden Aprilsonne das schwerelose Dahingleiten über die weiße Ebene.

»Gebt mir die Hunde, gebt mir den Winter – den Rest könnt ihr behalten!« hatte Knud Rasmussen enthusiastisch geschrieben. Er sollte es eigentlich wissen. Denn Rasmussen brachte auf seiner berühmten 5. Thule-Expedition (1921 bis 1924) durch Grönland, Kanada und Alaska 37 500 Kilometer mit dem Hundegespann hinter sich. Es war die längste Schlittenreise der Weltgeschichte.

Rasmussen hatte sich auf ein Verkehrsmittel verlassen, das, wie der Kajak, zu den genial dem Lebensraum angepaßten Erfindungen der Eskimos gehört. Erst der Schlitten sicherte ihnen die ausreichende Versor-

gung mit Nahrung. Mit ihm konnte man während der langen Wintermonate die Jagdreviere weit ausdehnen – selbst die riesigen Fleischberge eines erlegten Wales konnten über Berg und Tal heimtransportiert werden.

Aber wie baut man seinen Schlitten, wenn die Natur kein Holz für seine Kufen bereithält? Die Eskimos, die gelernt hatten, das wenige vorhandene Material universell zu nutzen, setzten den Frost als Konstruktionshilfe ein. Sie rollten große, steinhart gefrorene Fische als versteifende Elemente in aufgeweichte Robbenfelle und ließen diese – mit aufgebogenen Enden – ebenfalls gefrieren. Die Unterseiten dieser Rollen wurden mit einem Brei aus zerriebenem Moos sorgfältig geglättet und mit Wasser besprüht – das gab spiegelglatte Gleitflächen. Die Kufen boten zudem noch den Vorteil, daß die allesfressenden Hunde sie spätestens im Frühjahr vertilgen konnten.

Wann der erfinderische Eskimo den Hund zum ersten Mal vor seinen Schlitten spannte, weiß man bis heute nicht. Bei den Ausgrabungen auf dem 4000 Jahre alten Wohnplatz Qeqertasussuk an der Diskobucht fand man im Küchenmüll auch die Hinterbeinknochen eines Hundes. In ihrer Größe entspra-

Auch heute noch ist der Hundeschlitten unentbehrliches Transportmittel. Bis zu einer halben Tonne Heilbutt zieht ein Gespann im Winter vom Eisfjord auf dem berühmten Heilbutt Highway nach Ilulissat (Jakobshavn).

Wenn das Wintereis die Schiffahrt blockiert, können viele Siedlungen die Verbindung zur Außenwelt nur mit dem Hundeschlitten aufrechterhalten. Bis zu neun Monaten kann das Eis die Fischereiflotte von Ammassalik an der Ostküste einschließen.

chen sie denen der heutigen Artgenossen auf Grönland. Schnittspuren zeigten, daß man die Hunde gepelzt und wohl auch verspeist hatte. Ob die Saqqaq-Eskimos dieser Siedlung die Hunde auch schon als Zugtiere nutzten oder nur als Tragtiere oder Jagdhelfer, konnte nicht geklärt werden. Man geht jedoch davon aus, daß Mensch und Hund auf Grönland schon sehr früh in der Geschichte eine einzigartige Symbiose eingingen. Mit seiner Zähigkeit und Anspruchslosigkeit half das Tier dem Eskimo, den harten Kampf um das Überleben in der Arktis zu bestehen – der Mensch kümmerte sich dafür um die Nahrung seines vierbeinigen Genossen. Bis heute haben ihn bei der Eisbärenjagd in Thule oder beim Eisfischen in Ilulissat weder Motorschlitten noch Raupenfahrzeuge ersetzen können. Jede Technik ist in der eisigen Einsamkeit Grönlands anfällig und kann versagen, und das kann schnell das Leben kosten.

»Der Hundemotor startet immer, bei jeder Kälte und jedem Eissturm«, schwärmte Simon mit stolzem Blick auf seine Meute. »Kann uns ein Motorschlitten vor Spalten im Eis warnen oder vor einem Eisbären? Und vorwärts bewegt er sich nur, wenn er immer genug zu schlucken kriegt – meine Hunde

laufen auch, wenn sie hungrig sind. Außerdem taugt der Hundeschlitten weit besser für schwieriges Gelände, und er vertreibt auch nicht die Robben durch Lärm.« Und schließlich, fügte Simon mit verschmitztem Lächeln hinzu, eigne sich ein Motorschlitten wohl kaum als Überlebensration in Notsituationen auf langen Reisen.

»Wir haben gemeinsam geschuftet, wie nur lebende Wesen einander helfen können, bald im Kampf gegen die Unwegsamkeiten des Eises, bald auf der Hetzfahrt der Jagdreisen«, hatte Knud Rasmussen nach seiner großen Schlittenreise über seine vierbeinigen Begleiter notiert. Hatte er mit seinen Lobeshymnen auf die Hunde vielleicht doch nicht so unrecht, wie es mir bei meinem atemraubenden Aufstieg hatte scheinen wollen?

Ich hatte mich gerade noch mit einem verzweifelten Sprung auf den Schlitten werfen können, als die Hunde – auf dem Kamm angekommen – bergab davonstoben. Ich stemmte die Beine fest in die kreuzweise über den Schlitten gespannten Seile und klammerte mich an die Verzurrung. Denn der Schlitten gewann blitzschnell an Tempo. Ich spürte schon bald an allen Gliedern, daß es hier oben auf dem berühmten »Heilbutt-

Ein *piteraq,* der gefährliche Fallwind der Ostküste, ist über das Haus eines Fängers hinweggebraust. Dieser Orkan wird durch die Kältemassen des nahen Inlandeises verursacht.

Unermüdlich ziehen die Hunde
die Schlitten über die Ebene, der Bergkette
am Horizont entgegen.

Highway« nichts mehr mit dem schwerelosen Dahingleiten war. Denn was ich mir als glatte Piste vorgestellt hatte, auf der während der langen Wintermonate die Eisfischer von Ilulissat mit ihren Schlitten zwischen der Stadt und dem Eisfjord pendelten, zeigte sich eher als eine Härteteststrecke für Moto-Cross-Fahrzeuge.

Unsere Hunde – ich mußte an Eigil Nielsens Klagelied über deren unergründliche Psyche denken – offenbarten eine schon manische Leidenschaft für Felsbuckel, die – vom Wind freigeweht – nackt aus dem Schnee ragten. Der Schlitten krachte immer wieder in voller Fahrt auf das Gestein und wurde abrupt abgebremst. Doch die muntere Hundeschar riß das Gefährt samt seinen beiden stark geforderten Passagieren über jedes Hindernis. Nicht selten lag solch ein Buckel als Sprungschanze vor einem steilen Hang, den man nicht einsehen konnte – der Schlitten landete nach ein paar Metern freiem Flug ziemlich unsanft auf dem »Highway« – doch längst nicht immer auf beiden Kufen gleichzeitig. Seitlich abfallendes Gelände erforderte ein gefühlvolles Ausbalancieren durch Gewichtsverlagerung.

Ich begriff, daß der so plump aus dicken Brettern zusammengeflickt wirkende grönländische Schlitten eine geradezu geniale Konstruktion darstellt. Man verzichtet auf jeden Nagel und jede Schraube. Nichts wird starr miteinander verbunden. Statt dessen werden alle Teile mit dünnen Seilen aneinander festgezurrt. Diese Bindung gibt dem Schlitten eine einzigartige Elastizität, die ihn bei seinen Geländefahrten auch die härtesten Stöße unbeschadet überstehen läßt. Dennoch trägt das Fahrzeug schwerste Lasten, wie die auf dem »Heilbutt-Highway« entgegenkommenden, hochaufgetürmt mit tiefgefrorenen Fischen beladenen Schlitten zeigten, oft bis zu 500 Kilogramm schwer.

Diese halbe Tonne Heilbutt ziehen und zerren ein Dutzend mittelgroßer Hunde, die alles andere als besonders kräftig gebaut wirkten, 40 Kilometer weit über einen 400 Meter hohen, zerklüfteten Bergrücken, über spiegelglattes Meereis und aufeinandergetürmte Schollen, über steile Hänge und nackte Felsbuckel, über vereiste Kuppen und durch schneegefüllte Täler. Ich hatte auf unserer Fahrt zum Eisfjord gesehen, wie die Tiere, flach an den Boden gekrallt, ihre ganze Kraft in die Schultern legten und die schwere Last Zentimeter um Zentimeter bergan zerrten. Schoß der Schlitten dann steil bergab, rasten sie nicht *vor* ihm zu Tal sondern bremsten ihn – langsam *hinter* dem Gefährt gehend – soweit wie möglich ab.

Aber die Hunde sind nicht nur robuste und kräftige Zugmaschinen sondern gleichzeitig auch ausdauernde Langstreckenläufer. Ein gutes Gespann kann auf ebener Strecke bei einem Durchschnittstempo von sechs bis acht Stundenkilometern mit einer Last von 300 Kilogramm 70 Kilometer am Tag zurücklegen. Seine Leistungsfähigkeit, Zuverlässigkeit und Anspruchslosigkeit hat den Hund zum unentbehrlichen Helfer vieler Polarexpeditionen gemacht. Mit Frederick A. Cook oder Robert E. Peary, die sich um dem Ruhm stritten, 1908 oder 1909 als erster Mensch den Nordpol erreicht zu haben, betraten zugleich auch die ersten – vom Anmarsch arg strapazierten – Hunde den nördlichen Scheitelpunkt des Erdballs. Roald Amundsen hätte ohne sie den Südpol 1911 nicht vier Wochen vor seinem ehrgeizigen Konkurrenten Robert F. Scott erreicht. Aber auch heute noch wird die Ausdauer der Vierbeiner gefordert: Die dänische Militärpatrouille Sirius, die seit 40 Jahren die grönländische Ostküste kontrolliert, legt mit einem Gespann von elf Hunden und einem Schlitten mit 400 Kilogramm Ausrüstung in jedem Jahr 3500 Kilometer zurück – und das bei Temperaturen, die bis unter minus 50 Grad Celsius absinken.

Zwar lagen die Temperaturen bei unserer Fahrt auf der Straße der Eisfischer nicht einmal halb so tief; dennoch verspürte ich jetzt die angekündigte Hundekälte und den eisigen Biß des Windes – trotz meiner Vermummung. Denn wir waren jetzt auf einer Strecke ohne viele Hindernisse. Nichts bremste unsere Hunde, denen Simons lange Peitsche nicht einmal die Zeit ließ, sich ihrer Verdauungsreste zu entledigen. Selbst die »Entsorgung« mußte im Galopp geschehen, was uns auf dem Schlitten häufiger zum blitzschnellen Wegducken zwang.

Ursprünglich bezeichnete man alle Hunde, die von den Eskimos zum Schlittenziehen eingesetzt wurden, als Eskimohunde. Inzwischen haben sich zwei Rassen herausgebildet, die nach ihrer geographischen Herkunft bezeichnet werden. Der Gröndlandhund und der Kanadische Eskimohund. Der Grönlandhund kommt in allen Farbschlägen vor, er hat eine Schulterhöhe von etwa 60 Zentimetern und wiegt um die 40 Kilogramm. Hündinnen sind etwa fünf Zentimeter kleiner und entsprechend leichter. Einen einheitlichen Hundetypus darf man sich unter dem Grönlandhund allerdings nicht vorstellen. In der Thule-Region ist der Gröndlandhund deutlich kurzbeiniger, kräftiger und widerstandsfähiger als im Süden; der an der Ostküste wiederum ist gedrungener und breiter.

»Die Eskimos hängen an ihren Hunden«, schrieb der französische Ethnologe Jean Malaurie in seinem Buch *Die letzten Könige von Thule.* »Und sie versuchen, durch entsprechende Kreuzungen immer schnellere und stärkere Gespanne zu bekommen. Einer von ihnen kreuzte seine Hunde nach Grundsätzen, die ich bisher nur von den Stierzüchtern gehört hatte: Mut und Kühnheit, die bei der Bärenjagd sehr nützlich sind, kommen durch die Mutter; Schnelligkeit und Kraft bekommen sie vom Vater.«

Grönlandhunde sind wilde und rauflustige Gesellen. Daß dabei der Wolf noch immer ein sehr naher Verwandter ist, wird einem in Ilulissat spätestens am Mittwoch um zwölf Uhr mittags deutlich – wenn die Sirenen zum Probealarm laufen. Dann legen die 6000 Hunde der Stadt ihren Kopf weit in den Nakken, schließen die Augen und beginnen mit den Sirenen um die Wette zu heulen – ein schaurig klagender Riesenchor. So heulen Wölfe in ihrem Rudel – bellen können Grönlandhunde nicht.

Daß sie Rudeltiere geblieben sind, zeigt ihr ausgeprägtes Hierarchie-Verhalten. Jedes Gespann hat seinen *nagalak,* seinen Leithund, der sich seine Führungsposition mit den Zähnen erkämpft hat, und dem sich die übrige Meute unterordnet. Seine Autorität darf vom Besitzer des Gespanns nicht untergraben werden – dieser muß im Gegenteil darauf bedacht sein, dessen Position zu stärken und ihm seinen Respekt und seine Zuneigung deutlich vor dem übrigen Rudel zeigen – indem er ihn als ersten oder mit den größten Stücken füttert oder ihm demonstrativ Sonderrationen zukommen läßt. Erst wenn der Leithund den Zweibeiner als Herrn anerkannt hat, funktioniert die notwendige Einheit zwischen Mensch und Tier. Lagen hier Eigil Nielsens Probleme mit dem Seelenleben seiner Hunde begründet?

Grönländische Winterlandschaften,
wie hier am Sermilikfjord in Ostgrönland,
faszinieren durch die wechselnden Farben
des Himmels in den langen Stunden
der Dämmerung.

Wie von Goldadern durchzogen glänzen die Eisberge im letzten Tageslicht.

Simon, dem die Hundepsyche von Kindesbeinen an vertraut war, zerteilte nach unserer Ankunft am Eisfjord irgendeinen tiefgefrorenen Riesenfisch mit der Axt in handgroße Stücke. Nach der Rangfolge warf er sie den erwartungsvoll um ihn gescharten Tieren zu – dem Leithund als erstem. Während wir über dem Schlitten unser Zelt aufschlugen, rollten sich unsere Hunde für die Nacht im Schnee zu kopf- und beinlosen Fellbündeln zusammen. Selbst die allerstrengste Kälte müssen sie so überstehen. Verwöhnt wird der beste Freund des Menschen in der Arktis nicht.

Die Sonne war als glühender Ball hinter den Felsen verschwunden. Der Himmel über den festgefrorenen Eisbergkathedralen im Fjord bewahrte ihr Licht noch lange, in einem Farbenrausch aus Rot-, Orange- und Gelbtönen. Irgendwann würde das Licht übergehen in die violette arktische Dämmerung, und die Aurora borealis, das Nordlicht, würde danach in fahlen, blaßgrünen und weich-rosenroten Nebelbändern über den winterlichen Nachthimmel geistern. Irgendwo darüber würde der Sirius leuchten, der hellste Stern im Sternenbild des Großen Hundes.